*Ultra Translated Lunyu*

# 超訳
# 論語

## 孔子に学ぶ処世術

許 成準



彩図社

# はじめに

社会人になって最も難しいのは「組織の中でどう生きるか」ということである。特に組織の中での人間関係は、快適な人生を生きるか、それともストレスだらけの人生を生きるかを決める重要な要素である。

あなたも経験したことがあるかもしれないが、仕事がいくら難しいものであっても、周りの人との関係がうまくいっていれば、これは克服ができる。だが、上司や同僚との関係がうまくいっていないと、簡単な仕事もスムーズに進まなくなる。したがって、豊かな人生のために個人の能力以上に重要なのが、「組織の中でどのように振る舞えば他人と協力し合い、信頼を得られるか」なのである。


多くの現代人が抱いている、このような悩みの解決に役立つ古典がある。それが、あなたが今、手にしている『論語』である。論語には、**「どうすれば上司とうまく付き合えるのか」「部下をうまく統率するためにはどうすれば良いのか」「組織の中でどう振る舞うべきか」などの疑問に対する、明快な答えが用意されている。**

社会人生活における疑問に、これほど立派な答えが用意されている本は多くの古典の中でも珍しい。それが『論語』が2500年もの間、読み継がれてきた理由である。

『論語』は古代中国の思想家、孔子の教えの集大成だ。しかし、よく誤解されるのだが、この本は孔子が直接執筆したものではない。孔子の死から30～50年後、遺された弟子たちが師の言葉や教えを記録するために執筆した本なのだ。書かれた時期は紀元前500年頃だと推測される。

「紀元前500年」という響きから、原始時代のような風景を連想するかもしれないが、すでに時代は「鉄器」の時代に突入している。政治に目を転じると、当時は中国大陸に散らばっていた数多くの小さな集落が「国家」に進化していく、まさに激変期である。この時代は「春秋時代」と呼ばれている。

国家や組織がそれまでとは比べものにならないほど大きくなり、統治すべき人民が増えていったため、統治者たちには効率的な統治理論が必要となった。

それはまるで中小企業がだんだん大きくなっていき、今までの経営とは違った体系的な経営方式が必要になるのと似ている。

こういった背景から、春秋時代には数多くの思想家たちが現れ、自分なりの思想を主張しながら権力者に登用されるために努力したが、最後まで生き残ったのは孔子が立ち上げた「儒家」だけだった。

なぜか？　それは前述したように組織人が抱える悩みに明快に答えたということもあるが、孔子の教えの根本に**「人は教育することで、より良い人間になれる」「人と人は勉強を通じて美徳を磨くことで、より協力し合うことができる」といった温かい信念**があり、それが人々の心を打ったからだ。

受験、試験でしたくもない勉強を繰り返してきた日本人にとって「勉強」という言葉には頭が痛い響きがあるが、孔子が考えた「勉強」とは、自分が好きなことを楽しく学ぶことだった。例えば彼は「ただご飯を食べて一日を終えるだけで、どこにも頭を使わないのはよくない。囲碁や将棋があるじゃないか。こういったことで頭を使う方が、何もしないよりはマシだ（陽貨第十七）」と言ったことがある。

勉強することがなければ趣味にでも没頭し、頭を鍛錬するのが良い、ということだ。

孔子の教えがこのように人間臭く、味わい深いのは、彼の出生と関係がある。あまり知られていないが、孔子は貧しい身分の出だった。父で武人の叔梁紇《しゅくりょうこつ》は、70歳で孔子を16歳の巫女、顔徴在《がんちょうざい》に産ませた3年後に他界してしまった。卑賤な生まれに苦労しながらも、孔子は勉学に励んで官職にありついた。孔子が勉強を重視するのはこのためだ。

20～21歳で初めて孔子が任されたのは祭祀に使う牛や羊の管理だった。その次は倉庫番だ。身分の低い彼は、高い官職につくことはできなかった。いつも経済的に苦労していたから、生活のために色々な仕事をしなければならなかった。彼が生計をたてるために始めたのが、弟子たちに学問を教える、一種の学校だった。そして、それが大成功した。

弟子の中には有力な政治家、軍人、財閥関係者もいた。孔子の業績を本として記録したのも彼らだ。弟子の総数は3000人に及んだとも伝わるが、これは誇張で、実際には70人くらいだったというのが定説である。

時代が変わっても、孔子の教え「儒教」は影響を与えながら継承されていき、日本・韓国・ベトナムなど漢字文化圏の隣国に伝わっていった。そしてこの教えは、私たちが意識しない習慣や思考方法にまで影響を与えている。例えば、主君への忠義を美しいものとする「武士道」や、神社で先祖に祈る慣習は儒学の影響だし、学校で習う「温故知新」などの四字熟語の多くが『論語』から誕生したものだ。

孔子の思想は東洋にとどまらず、西洋に紹介されるほど有名になった。17世紀にはラテン語に翻訳されてヴォルテールやライプニッツなどの偉大な哲学者にも多くの影響を与えた。そして、**現代に至っても変わらず全世界で「人生のガイドライン」として親しまれているのだ。**

このように非の打ち所のない名著である『論語』だが、今日の私たちには役に立たない部分もある。例えば儀式の重要性を強調する内容などは、現代の社会人生活とは関連性が薄い。

本書では、論語から今日の私たちに意味のある部分を抜粋、分かりやすいように「超訳」し、現代のビジネス・シーンでの実例と共に解説した。また『論語』原文のどの箇所から抜粋したのかが分かるように、書き下し文と篇名も付記した。

他の古典がそうであるように、『論語』も解説とセットでなければ、正しく理解することはできない。**本書は、『論語』が退屈だと投げ出してしまった人にも、現代社会の事例を読みながら面白く理解してもらえるように構成した。**

孔子は「知ることは好むことに及ばない。好むことは楽しむことには及ばない」と言った。

本書を読んで、『論語』を楽しく理解していただければ幸いである。

# 超訳論語　目次

## 1章 人間関係を軽視する者は成功できない

## 2章

# 居心地の良い関係性が良い仕事を生む

## 3章 利益の奴隷にならないための8つの心得



## 4章 組織の中でどのように生きるべきか

## 5章 孔子が教える上司との上手な付き合い方

## 6章

## 部下をがっかりさせないためにできること

## 7章

## 偉大なリーダーになるための8つの条件

8章
## 学ぶことで人生はより豊かになる



9章
## 学んだことを活かすための勉強法とは

## 10章

# 後悔のない人生を送るために

Ultra Translated Suzuki

# 1章 人間関係を軽視する者は成功できない

かのチャールズ・ダーウィンは人間、そして動物の長い歴史を見ると、お互いに助け合う方法を体得した者が繁栄してきた、と言った。

現代社会の私たちも同じだ。人と円滑な関係を築き、良く協力する者は成功するが、それができない者は失敗する。現代社会はますます複雑に進化しているため、どんな仕事でも他人との協力が不可欠だからだ。

自分と専門分野や職務が違う人と、いかに協力するか、それが快適な社会生活と仕事を成功させる条件なのだ。本章を読んで、その方法を学んでみよう。

超訳

# 君主は礼節で、臣下は忠誠心で

【八佾第三】

君主は礼節でもって臣下を働かせるべきだし、臣下は忠誠心で君主に仕えるべきだ。

定公問う、君、臣を使い、臣、君に事うること、これを如何。孔子対えて曰く、君、臣を使うに礼をもってし、臣、君に事うるに忠をもってす。

**「鶏が先か、卵が先か」**

この問いには明確な答えがない。最初の卵を想像しようとしたところで、それもまた、鶏が産んだものだからだ。上司の礼節と部下の忠誠心も同じことである。礼は忠誠心を生み、忠誠心は礼を生む。

生産性の高い会社は、どちらが先ということもなく、上司は礼で部下を用い、部下は真心を持って働く。

物流サービスの大手として知られているフェデックス・コーポレーション。その子会社フェデックス・エクスプレスの元ＣＥＯマイケル・ダッカーは22歳の時、なんと時給2ドル81セントの配達員として入社した。彼が配達員からＣＥＯにまでなれたのは、フェデックスが社員を尊重――つまり礼でもって働かせたからだ。というのも、ダッカーは会社の支援で大学院まで進み能力を磨くことができたのだ。彼はこう回想する。

「皆が友達で、皆が会社の一部分で、皆が情熱的でした」

社員たちが進んで会社に尽くしたことが分かる。

フェデックスが成功したのは**「会社が最大限、社員に配慮すれば、社員は真剣にサービスの質を高めるから、利益は自然に創出される」**という哲学を持っていたからだ。

このような会社は「礼で働かせ、忠誠心で働く」会社の典型だと言えるだろう。

超訳

# 正義と礼節が必要な理由

【衛霊公第十五】

真の君子は正義を胸に抱き、礼に従って行動し、言葉では謙遜し、信義で仕事を成し遂げるものだ。

子の曰く、君子、義もって質と為し、礼もってこれを行ない、孫もってこれを出だし、信もってこれを為す。君子なるかな。

「こんなことは当たり前だ」

そう思ったかもしれないが、逆に考えてみよう。

**裏切りを繰り返し、無礼を働き相手を怒らせ、傲慢な態度に終始して仕事を進めたらどうなるだろう？**

他人の協力が必要なとき、誰もあなたに味方してくれないだろう。

これは致命的である。現代社会において一人でできる仕事など、どこにもないからだ。

例えばアルベルト・アインシュタイン。人々は、あの天才物理学者が一人で多大な研究成果を生み出したと考えているが、この仕事ですら彼一人の手によるものではない。

アインシュタインは物理学者としては数学を得意としていたが、本職の数学者よりは実力が不足していた。だから彼は自分のアイディアを定式化するために、数学者たちの助けを必要とした。

いくら天才とはいっても、あらゆる分野の学問に精通しているわけではないから、数学の専門家たちの力を借りて研究を完成させたのだ。

**アインシュタインですら、人の手を借りた。**本文の内容は、当たり前の事柄ばかりだが、これらはとても優秀な処世術なのだ。他人と一緒に働くうえで、守るべき基本的な態度を表しているといえる。

超訳

# 全ては信頼を得てから

【子張第十九】

※子夏《しか》が言った。

「君子は人民の信頼を得て、初めて彼らを働かせる。信頼を得ないまま働かされると、彼らは苦しめられていると思うようになる。また、主君に忠告するのは、信頼を得てからでなければならない。信頼を得ないまま忠告すると、主君は自分が批難されていると思うからだ」

※孔子の弟子。慎み深い人柄で、門人の中でも子游と並んで学問に優れた。その才故に孔子に理論一辺倒であることをたしなめられた。

子夏が曰く、君子、信ぜられて而して後に其の民を労す。未だ信ぜられざれば則ちもって己を厲ましむと為す。信ぜられて而してのちに諫む。未だ信ぜられざれば則ちもって己を謗ると為す。

パソコンで書いた文章を印刷するためには、パソコンとプリンターが繋がっていなければならないし、インターネットを使うためには、ネットに繋げなければならない。

これは誰でも知っていることだ。

だが、人と働く時、まず「信頼」でお互いが繋がっていなければならないことを知っている人は、実は少ない。古今東西の優れた指導者は、本格的に仕事を始める前に一緒に働く人と信頼関係を築くことを決して忘れない。

スターバックス・コーポレーションの元CEOハワード・シュルツは、スターバックスを世界規模の企業に成長させただけではなく、従業員を大切にし信頼関係を得た経営者としても知られている。

彼は従業員をパートナーと呼び、頻繁に店舗を訪れて直接対話する機会を設け、さらにパートタイマーも含む全ての従業員に会社の株式を持つ機会や医療保険を提供した。従業員に会社の一員として大切にされていると感じさせて信頼関係を築いたのだ。

「今日から俺が、お前らの新しい上司だ」

というような権威的な態度で接するのではなく、真面目な人間だということを、まず分かってもらうのだ。**特に現代社会では初めて会った人と働くことが多いから、真心を見せて信頼を得るのが先だということを忘れてはならない。**

超訳

# 仕事は信用が第一

【為政第二】

人としての信義がなければ、何もできない。
まるで牛馬が引く車に輗《くびき》がないようなもので、それでは全く動かない。

子の曰く、人にして信なくんば、其の可なるを知らざるなり。大車輗なく、小車軏なくんば、其れ何をもってかこれを行らんや。

陽貨欲見孔子孔子不見歸孔子豚孔子時其亡也而往拜之

擾以費畔召子欲往子路不說曰末之也已何必公山氏之之

子曰夫召我者而豈徒哉如有用我者吾其爲東周乎子張問

仁於孔子孔子曰能行五者於天下爲仁矣請問之曰恭寬信

敏惠恭則不侮寬則得衆信則人任焉敏則有功惠則足以使

「轅」とは、車と牛馬を繋げる道具のことである。轅がなければ、牛馬がいても車が進むことはない。

それと同じで、**どんな仕事でも人と協力し合わなければならない現代社会では、人と信頼関係で繋がっていないと、轅のない馬車のように前進することができないのだ。**

「信義」という美徳は、聖人君子たちの専売特許だと思われがちだが、そうではない。極端に言えば、犯罪者であっても信義を重んじる者は生き残るが、軽んじる者は淘汰される。

アメリカの禁酒法時代にシカゴで暗躍したギャングスター、アル・カポネも、周りの人々との信義を重要視した人物だった。彼の友人にミルト・ヒントンという著名なジャズ演奏者がいる。ヒントンは若い頃、音楽をしながらアルバイトとして酒を配達する仕事をしていた。禁酒法で禁止されている酒を、アル・カポネの顧客に配達する仕事だった。

ある日、配達の途中で交通事故に遭い、彼は全身にガラスの破片を浴び、病院に運ばれた。医師は負傷した指を切断しようとした。しかし、ヒントンの才能を惜しんだアル・カポネは彼の指を接合するよう医者をしつこく説得し、手術代も全て自分が支払った。

果たして手術は成功し、ヒントンは後に有名なジャズミュージシャンになったのである。彼はアル・カポネの恩を生涯忘れなかったという。**アル・カポネが暗黒街の顔役にまで上り詰めたのも、信義で部下たちの心を繋ぎとめたからではないだろうか。**

超訳

# 3ヶ月でいいから人を大事にしろ

【雍也第六】

孔子が弟子の※顔回《がんかい》に言われた。
「顔回よ、たった3ヶ月でいいから仁徳から心を離さないようにしてみなさい。3ヶ月が過ぎれば、残りの徳も自然に身に付いていくだろう」

※孔子の弟子。魯の人。門弟の中でも最も師に愛された、勉学に優れた優等生。若くして没したため、孔子はたいへん悲しんだという。

子の曰く、回や其の心三月仁に違わず。其の余は則ち日月に至るのみ。

「仁」とは、「他人を大事にする心」のことで、利己心とは正反対の概念である。人間、幼い頃は皆「大きくなったら社会の役に立つ、立派な人間になりたい」と思うものだが、大人になると自分のことしか考えなくなってしまう。しかし、そんな人でも、**自分の仕事が社会にとってどんな意味を持っているのかを考えることで、仁を取り戻すことができる。**

日清食品の創業者、安藤百福は太平洋戦争後、闇市で行列を作っているラーメン屋を見て「もっと手軽にラーメンを食べさせることはできないだろうか」と感じた。こうして発明されたのが最初のインスタントラーメン、チキンラーメンだった。安藤がこれを開発したのは、無論ビジネスのためだが、社会に貢献しようという気持ちがきっかけとなったのである。今でこそインスタントラーメンはジャンクフードの一種として扱われているが、戦後間もない日本では庶民に手が届く立派な栄養食だったのだ。

健康に良くないイメージになった今日でも、インスタントラーメンは忙しい時に時間を節約してくれる非常食品としての役割を果たしている。「時間は生命だ」といつも口にしていたという安藤は、ラーメンを通じて現代人たちの時間をも豊かにしてくれたのだ。

このように、**「人々は今、何を求めているのか」を考え、それに対して、自分の仕事を通じて「どのように貢献できるのか」自問してみる。**それを孔子の言うように3ヶ月でいいから試してみよう。きっと3ヶ月後になっても、問いは続いているはずだ。

超訳

# 他人の立場を理解する

【雍也第六】

仁の精神を持つ人は、自分が目立ちたければ、まず他の人を目立たせてやり、
自分の能力を伸ばしたければ、まず他の人を伸ばしてやる。
このように自分の※立場から他人の立場を類推して理解するのが、
仁の正しい方向だと言える。

※原文「能く近くを取りて譬う」の部分

夫れ仁者は己立てんと欲して人を立て、己れ達せんと欲して人を達す。能く近くを取りて譬う。
仁の方と謂うべきのみ。

このくだりでは「仁」の基本が他人の立場を理解することだと言っている。**自分が経験した不便や、試練から、同じく苦労している他人を思いやれる態度が、「仁」の精神なのだ。**

「OKWAVE」は、日本初のQ＆Aサイトである。ユーザー同士が知恵を持ち寄って、困っている人に解決策を提案するこのサービスは、2008年にマイクロソフトから2億6000万円の投資を受けたことでも話題になった。

驚くべきことに、創業者の兼元謙任は以前、ホームレスだった時期があるという。彼は元々、デザインの仕事をするために渡米しようと職場を辞めたがその話が破談に。以来2年間、公園などで寝泊まりしていたのだ。兼元はその間、再起を図るためインターネット関連の事業に関心を持ち、ホームページの運営についてインターネット上で色々と質問してみたが、優しい答えを得られず失望した。

彼はそんな経験から**「悩みとか質問に優しく答えてくれるインターネットサイトはないものか？」**と思い、OKWAVEの着想を得るに至ったのだ。

このように**「自分の立場から他人の立場を類推し理解する」**こと、つまり「能近取譬」の精神は、仁の精神でもあるし、立派なビジネスの姿勢でもあるのだ。

超訳

# 身近な問題を真剣に考える

【子張第十九】

子夏が言った。
「確固たる意志を持って幅広く学び、疑問をどこまでも突き詰めて、身近な問題について考えれば、仁は自ずから育つものだ」

子夏が曰く、博く学びて篤く志し、切に問いて近く思う、仁其の中に在り。

孔子の言う**「仁」は遠い所にあるのではなく、自分の仕事など近い所にあるということだ。**

回転寿司の誕生物語が、その良い事例である。

知っての通り、回転寿司は自動車工場などで使うベルトコンベヤーを寿司屋に導入した斬新なアイディアである。１９４７年、33歳の白石義明は寿司屋の店長をしていた。店の客は、ほとんどが近所の工場の職員だった。そこで彼は、お金持ちでない人たちでも寿司をたらふく食べられるよう、安価に寿司を提供する方法を考え始めた。寿司の値段が高いのは、作る効率が悪いからだ。色々な方法を試すうちに、ビールの生産に使われるベルトコンベヤーを寿司屋に導入するアイディアを思いついた。

彼はエンジニアと共に工夫を重ねたが、ベルトのコーナー部分で寿司の皿が落ちてしまうのが課題だった。この問題を解決するために研究を続けたが、ついにエンジニアは匙を投げてしまった。それでも白石は一人で研究を続け、11年後の１９５８年、ついに最初の回転寿司屋を開店した。それが大成功し、今のように回転寿司が普及することになったのだ。

この事例は孔子の言う「仁」を体現したと言える。**身近な問題について考え**（庶民が気軽に通える寿司屋）、それについて**確固たる意志を持ち**（10年以上にわたって研究）、**疑問を突き詰めた**（回転寿司を発明）のだから。

超訳

# 利己心を克服せよ

【顔淵第十二】

自分を克服し、礼の規範に戻るのが仁である。一日でも自分を克服して礼に帰れば、天下の皆も仁に従うようになる。仁をおこなうのは自分次第であり、他人によることではない。

子の曰く、己れを克めて礼に復るを仁と為す。一日己れを克めて礼に復れば、天下仁に帰す。仁を為すこと己れに由る。而して人に由らんや。

このくだりは、『論語』の中で孔子が「仁」をもっとも明確に定義した部分である。本文にある「自分を克服」とは、どういうことだろうか。

それは、「自分の利己心を克服する」ということである。

**利己心は、人間の最も強い本能である。**だから小説や映画、漫画を作る時の技法として「キャラクターの利己心はいくら誇張しても不自然ではない」というものがある。キャラクターの性格を描く時、人格の一面のみを誇張すれば、普通はリアリティーを失うものだが、利己心だけはいくら大きくしても違和感がない（若返るために悪魔に魂を売る、老いた学者など）。

それほど利己心は強い本能なのだ。そして、これは職場、家庭などあらゆる場面で人との信頼関係を築くうえで、最も大きな障害になる。だから孔子は「仁」の基本を「自分を克服すること」であると言ったのだ。そして「礼に戻る」とは、人を尊重する姿勢を持つということである。

つまり「仁」とは、**自分の利己心を制御しながら、人を大事にすること**を指している。

これは孔子の教えの核心であり、処世の王道でもあるから確実に覚えておく必要がある。

超訳

# 理想を実現するためには

【衛霊公第十五】

子貢《しこう》※①が孔子に尋ねた。「仁※②を実現するためにはどうすれば良いでしょう?」

すると、孔子はこう答えた。

「職人は良い仕事をするために、まず道具を磨く。

仁を実現するのも同じことで、この国の中の賢明な官吏に仕え、

仁徳ある士を友としなければならない」

※①孔子の弟子。聡明、能弁な財閥2世。欠点はせっかちな性格。孔子を深く尊敬しており、師の死後6年もの間、喪に服した。

※②ここで子貢が言った「仁を実現する」とは、政治的な理想を実現する、ということである。

子貢、仁を為さんことを問う。子の曰く、工、其の事を善くせんと欲すれば、必らず先ず其の器を利くす。是の邦に居りては、其の大夫の賢者に事え、其の士の仁者を友とす。

孔子が言っているのは、理想を実現するためには優秀な官僚と、仁慈に優れた同僚を味方にするのが最優先、ということだ。一般的に言うと、**自分と同じビジョンを持っている人と会うのが、成功の前提条件**ということになる。

２００５年、米「ＴＩＭＥ」誌が選んだ「アジアのヒーローたち」に選ばれた日本人シェフがいる。世界各地にレストランを展開している料理人、松久信幸だ。「ニューヨーク・タイムズ」紙も絶賛したその腕前で、海外において抜群の知名度を持っている。

彼の成功のきっかけは、俳優ロバート・デ・ニーロとの出会いだった。

松久がビバリーヒルズでレストラン「ＭＡＴＳＵＨＩＳＡ」を経営していた頃、その料理に魅了されたデ・ニーロが彼をしつこく口説き、彼と共同でニューヨークにレストラン「ＮＯＢＵ」を開店させた。この成功がきっかけとなって松久はアメリカで有名となり、その後イタリア、イギリス、ギリシャで店を開き、全世界的な成功を収めた。

このように、人の成功は自分とビジョンを同じくする良き友人（あるいは同僚）との出会いから始まる場合が多い。理想を実現するためには、力を合わせることができる、**良き人がいるところに身を置く必要があるのだ。**

Ultra Translated Sunzi

# 2章

# 居心地の良い関係性が良い仕事を生む

「良き友と一緒なら、どんな道のりも遠くはない」という、トルコのことわざがある。会社でも、同僚や上司・部下との関係が良好なら、どんな難題も楽しく克服することができるだろう。

その反面、人間関係に問題があれば、簡単な仕事も難しくなり、余計なストレスで苦労することになる。だからこそ、社会人なら人間関係を円滑にするコツを体得しなければならない。

人間関係は、現代社会の日本人が等しく抱えている悩みでもある。本章では、孔子から円滑な人間関係の極意を学んでみよう。

超訳

# 一生続けなければいけないこと

【衛霊公第十五】


子貢が孔子に尋ねた。

「一生おこなうべきことを一つ挙げるとすれば、それは何でしょうか？」

孔子は答えた。

「それは『恕《じょ》※』である。自分がして欲しくないことは、他人にもしてはならないのだ」

※相手の立場や気持ちを、理解しようとする心のこと。思いやり。

子貢問うて曰く、一言にしてもって終身これを行なうべき者ありや。子の曰く、其れ恕か。己の欲せざる所、人に施すこと勿かれ。

孔子は実践すべき美徳の中でも、特に「恕」の精神――他人を配慮すること――が一番重要だと語っている。望ましい事例として、筆者の友人であるL君のエピソードを紹介したい。

大学生だったL君は、学校の寮で静かで平和な生活を送っていた。しかしある日を境に、その寮をターゲットにした、英語教材会社からの猛烈な営業電話がかかって来るようになった。電話をかけてくるのは、社員と思われる若い女性だった。彼女の口調は非常に丁寧で優しかったが、あまりにもしつこく無差別に電話をかけて教材を売りつけようとするので、寮の学生全員がその女性を嫌っていた。

ある日、L君が寮にいる時に、彼女から電話がかかってきた。女性がいつものように英語教材についてぺらぺら説明している間、L君は静かにその話を聞いていた。そして説明が終わると、静かに告げた。

「苦労してらっしゃいますね……お仕事、大変でしょう?」

すると彼女は意外な反応を見せた。「嫌で、嫌で、もう耐えられないんです……うわぁん!」と声をあげて泣き出したのだ。その後、L君とその女性は直接会って、やがて付き合うようになった。

**L君は「恕」の精神の持ち主だったからこそ、このように皆に幸せな結果をもたらすことができたのだ。**

# 孔子の道は一つだけ

【里仁第四】

孔子が弟子たちに言われた。
「私の道は一つだけで貫かれている」
※曾子《そうし》は「はい。仰る通りです」と応じた。
孔子が外に出て行き、他の弟子たちが「先生が仰ったのはどういう意味でしょうか？」と尋ねると、曾子は「先生の道は、『忠』『恕』だけです」と答えた。

※孔子の弟子。「努力次第で才の不足を補える」と信じ、また親孝行者でもあった。十三経の一つ『孝経』は曾子の門人が記したとされる。

子の曰く、参よ、吾が道は一もってこれを貫く。曾子の曰く、唯。子出ず。門人問うて曰く、何の謂いぞや。曾子の曰く、夫子の道は忠恕のみ。

「忠」と「恕」。これが一体、何を意味するのか、詳しく説明する本は珍しい。

「忠」の本来の意味は、「国家に対する忠誠」ではない。「忠」という漢字は「心」の上に「中」があると書く。つまり、自分の思いに迷いがないということである。

憂患の「患」はその反対である。「心」の上に「中」が二つある。中心が二つあるから、何が正しいのか分からず、不安になっているのだ。学生時代、選択問題を解いている時に、何番が正解か悩んだことがあるだろう。これも、確実な中心がないから迷うのだ。

生きることも同じことで、心の中に一つの中心がないと、重要な選択肢の前で逡巡してしまうのだ。

では、「恕」は何だろうか。「恕」という漢字は「心」の上に「如」があると書く。心が他人の心の如くなること、つまり他人の心を理解し、苦痛を理解し、望むことを理解することである。共感能力とでも言い換えられるだろうか。

**自分の思いに迷いをなくし（忠）他人に共感する（恕）**、この二つが孔子の教えの核心部分なのだ。

そして、一番弟子の曾子は、それをすでに理解していたのである。

この二つは、ビジネスマンが職場で人間関係に悩まされないために心得なければならないのはもちろん、あらゆる立場の人々に求められる原則だから、よく覚えておくべきだろう。

超訳

# 君子は公私混同せず

【八佾第三】

君子は人とケンカはしないが、弓の試合では正々堂々と争う。礼儀正しく競った後、罰として勝者が敗者に酒を飲ませる。これが君子の争いであるのだ。

子曰く、君子は争う所なし、必らずや射か。揖譲して升り下り、而して飲ましむ、其の争いは君子なり。

ジョージ・ソロスはハンガリー出身の高名な投資家・投機家である。彼は通貨投機でイギリスの経済を混乱させて批判を受けたこともあるが、莫大なお金を慈善事業に寄付したり、世界経済を分析したりしながら望ましい対案を提示する、経済思想家でもある。

**「ビジネスはビジネス、社会貢献は社会貢献」という態度なのだ。**ソロスは冷酷な投資家の一面と、社会への責任を重視する慈善家の一面を兼ね備えた人物なのだ。このような性格はソロス家の家風に由来するらしい。彼は自分が親から受けた教育を、自分の息子にそのまま適用している。

ソロスの息子はこう言ったことがある。

「父は、ゲームをする時にも、私が子供だからという理由で負けてくれたことがない」

ソロス家の教育がどんなものか、見当がつくだろう。ジョージ・ソロスはこう言った。

**「子供たちが努力せずに勝ってしまうと、彼らが成長してから、もっと強く、利口で、冷酷な敵と戦わなければいけない時に、間違った判断で負けてしまう愚かな人間を育てることになる」**

「公」と「私」を厳しく区別する態度は、ソロス家の教育の核心だったのである。

超訳

# 悪人には原則通りにせよ

【憲問第十四】

ある人が孔子に「怨みに、徳を返すというのはどうでしょう?」と尋ねた。
すると、孔子はこう答えた。
「では徳には何を返すというのだね?
恨みには原則で返し、徳には徳を返すのが良い」

或るひとの曰く、徳をもって怨みに報いば、如何。子の曰く、何をもってか徳に報いん。直きをもって怨みに報い、徳をもって徳に報ゆ。

私たちは、生きるうえで悪人と出会うことを避けられない。あなたも公私問わず、こちらの感情を一切配慮しない無礼者にぶつかったことがあるだろう。

著名な講演者サム・ホーンは、ある金融コンサルタントの女性が、無礼な顧客に対処した事例について語っている。彼女が担当したあるＶＩＰの顧客は、業務中に電話をかけてきて、投資受益が低いことへの不満を延々と喚き散らした。

彼女の職場には「お客様はいつも正しい」という規則があったが、その下品な態度は一線を越えていた。彼女は「お客様、私もお手伝いして差し上げたいのですが、そのためには私を尊重してください」とたしなめた。にもかかわらず、彼は彼女を無視して悪口を言い続けた。結局、彼女はこう言って、電話を切った。

「お客様、私は生産的な会話を試みましたが、うまくいきませんでした。冷静に話すことができる時、また電話してください」

彼女は、その顧客が支店長に抗議すると思ったので、通話の内容をまとめて上司に報告した。そして無礼な客が抗議してきた時、支店長は彼女の味方になってくれた。**これは、悪人に対し無条件に屈服するのではなく、原則で対応した良い事例だと言える。**

超訳

# 真実は自分の目で見極めろ

【衛霊公第十五】

孔子は言われた。
「皆に嫌われている人であっても、偏見を持たずによく観察する。また、皆に慕われている人であっても、これも偏見を持たずによく観察することだ」

子曰く、衆これを悪むも必らず察し、衆これを好むも必らず察す。

「三人成虎《さんにんせいこ》」という故事がある。春秋時代、魏国は、隣国の趙国と同盟を結んだ。同盟の条件は人質の交換だったので、魏王は王子を趙国に送ることになった。そこで信頼厚い家臣、龐葱《ほうそう》に王子の護送を任せた。龐葱は出発する前に、王に言った。

「王、街である者が突然『虎が現れた！』と叫んだら信用なさいますか？」

「信じないだろう」

「では、二人が『虎が現れた！』と叫んだら、いかがでしょう？」

「少しは信じるかもしれない」

「では、三人が『虎が現れた！』と叫んだら、どうでしょう？」

**「三人が叫べば確実だ。信じるだろう」**

「誰も街に虎がいないことを知っていても、三人も『現れた！』と叫ぶと、信じるようになります。私の留守中、私のことを悪く言う者が三人はいるはずです。どうか嘘を信用なさいませんように」

「分かった。安心せよ」

案の定、龐葱が出発したあと、ライバルたちは彼の讒言《ざんげん》をした。繰り返される悪口を信じてしまった王は、戻った龐葱を再び登用することはなかったという。

**他人の言葉だけを聞いて物事を判断するのは、間違いのもとだ。**

超訳

# 悪口から身を守るには

叔孫武叔《しゅくそんぶしゅく》が孔子の悪口を言うと、子貢がこう返した。
「悪口を言っても無駄です。孔子を傷付けることはできません。
他の賢者なら丘のように越えることができますが、
孔子はまるで太陽か月のようなもので、決して越えることはできません。
いくら頑張っても太陽や月に傷を付けられないことと同じなのです。
孔子を悪く言うのは、自分の身の程知らずが露呈するだけです」

【子張第十九】

叔孫武叔、仲尼を謗る。子貢が曰く、もって為すこと無かれ。仲尼は謗るべからざるなり。他人の賢者は丘陵なり、猶お踰ゆべきなり。仲尼は日月なり、得て踰ゆること無し。人自ら絶たんと欲すと雖ども、其れ何ぞ日月を傷らんや。多に其の量を知らざるを見るなり。

世界最高のリーダーシップコーチとも言われるマーシャル・ゴールドスミス博士（彼のコンサルティング料は1回25万ドルに及ぶという）は、**「一般人は会話の65％を他人の非難や悪口に費やしている」**と指摘したことがある。

「65％は大げさでは？」と思われる読者もいるかもしれないが、よくよく思い出してみよう。確かに私たちの会話は「この世は美しい」「生きているのは楽しい」ということより、会社への不満、上司への不平、嫌な取引先の悪口、政府への批判に満ちている。

会社では、自分のキャリアの邪魔になりそうな人の評判を落とそうとする輩もいる。孔子の時代も同じだった。彼は今はもちろんのこと、当時も君子として名高かったから、そんな孔子に嫉妬して悪口を並べる者が多かったことが、『論語』からも読み取れる。

人格者だった孔子まで悪口を言われるのだから、誰だっていわれなき非難に遭う可能性があるのだ。

**そんな時に自分を守ってくれる「盾」は、他の人からの良い評判である。**円滑な社会人生活のためには、なるべく多くの人から良い評価を受けておき、もしもの時に備えることが必要なのだ。

超訳

# 短所を見ると長所も分かる

【里仁第四】

誰であれ、失敗する様はその人らしい。
失敗を見ることで、その人の良いところも分かるというものだ。

子の曰く、人の過つや、各々其の党に於いてす。過ちを観て斯に仁を知る。

オリンピックで金メダルを獲得した、ある柔道選手の親は「あの子は小さい頃から気性が荒かったから、悪い道に走ることがないよう、柔道をさせました」と語った。幼い頃からケンカばかりしていたから、暴力団員などにならないように、格闘技をさせたということだ。

このように、常に戦いに飢えたような気質を短所だと言うこともできるが、分野によってはそれが長所になることもある。**普段、私たちは人の性格について「これは短所」「これは長所」と区別してしまうが、これは良くない。**

「優柔不断」と言われる人は、実は行動する前に立ち止まれる慎重さを持っているということかもしれないし、「落ち着きがない」と言われる人は、好奇心が人並外れて強いとも解釈できる。まさに、**「失敗を見ることで、良いところも分かる」**のだ。

会社でも、性格が違うメンバーが寄り集まって協力しながら会社のために働く。だからこそ、お互いの違いを尊重しながら、それぞれの長所を役立てようとする姿勢が大事で、それを「人の和」と言うのである。

超訳

# 親しき仲にも礼儀あり

【里仁第四】

※子游《しゅう》が言った。

「君主に対して、あまりに多く進言すると馬鹿にされる。
友人に忠告する時も、あまりにくどいと敬遠されてしまう」

※孔子の弟子で、山東省武城県の地方長官。善政を敷いて師を喜ばせた。子夏と並んで学問に優れ、孔子の死後、彼と共に学派を築く。

子游が曰く、君に事うるに数々すれば、斯に辱められ、朋友に数々すれば、斯に疎んぜらる。

ギネスブックが認定している「最も成功したグループ・アーティスト」は言わずと知れたビートルズだ。彼らが１９７０年に解散した理由の一つにジョン・レノンとオノ・ヨーコの交際があった。

他のメンバーたちが彼女を嫌っていたことも不和の原因だったし、ジョンが音楽活動にヨーコを参加させようとしたことも亀裂を深める結果になった。一説には、いつも女性を共有していた四人の関係が、ジョンがヨーコを独占したことで崩れたのだという。

この逸話の真偽のほどは不明だが、彼らが女性問題をきっかけとして解散にまで至ったのは、**四人が互いに親密になり過ぎて、私生活と仕事の区別がなくなっていったからだろう。**「スタジオには家族を連れてこない」という不文律を、ジョンが破ったことも大きい。

親密なのは結構だが、このようにお互いに干渉し過ぎると関係にヒビが入るのだ。仕事にしろ、私生活にしろ、友人との円滑な関係を維持するためには、**親しくなればなるほど相手が侵して欲しくない領域を尊重する努力が求められる。**

あまりに多くの関心、助言、忠告などは、ときに人間関係にとって毒となる。近しい人との関係を壊したくなかったら、肝に銘じなければいけないことだ。

超訳

# ハードウェアよりソフトウェア

【陽貨第十七】

儀礼だ儀礼だといっても、先祖に宝を捧げただけでは儀礼とはいえない。音楽だ音楽だといっても、鐘と鼓を鳴らすばかりが音楽とはいえない。儀礼や音楽は、その形式よりも、精神が大事なのだ。

子の曰く、礼と云い礼と云うも、玉帛を云わんや。楽と云い楽と云うも、鐘鼓を云わんや。

古今東西の独裁者の共通点は、雄大な建物や銅像を好んだことである。

エジプトの皇帝、ファラオはピラミッドを建築したし、中国の始皇帝は万里の長城を建設した。ドイツのアドルフ・ヒトラーが巨大な建造物を愛したのも有名な話だ。ロシアのヨシフ・スターリン、リビアのカダフィ大佐も自分の立派な銅像を建てた。

なぜ彼らは、巨大な建物や銅像に惹かれるのだろうか。

**それは「中身」がないからである。**ちゃんとした精神がないから、見た目が派手な建物や像を造って偉大なふりをするのだ。つまり、ソフトフェアに自信がないから、ハードウェアで勝負しようとしているのである。いくら壮大で絢爛豪華な建物が建てられたとしても、その傍らで人々が飢えていては、一体何の意味があるだろうか。

孔子が言っているように、音楽は楽器を鳴らしていれば良いものではないし、儀礼も飾り立てれば良いものではない。人との関係でも、真心がなく形式的な礼儀だけがあるのは何の意味もない。

**中身がないハードウェアは、くず鉄に過ぎないことと同じように。**

超訳

# 相手に合う応対

【公治長第五】

※子路《しろ》が孔子に尋ねた。
「先生はどんな人になりたいですか？」

孔子は答えた。

「私は、年長者には安心してもらい、友人には信頼してもらい、年下の人には慕われる、そんな人になりたいね」

※『論語』の中で最多登場回数を誇る、孔子の弟子。門下には珍しく気質が荒い、剛毅な人物。時には師に抗議することすらあった。衛国に仕えた際に内乱に巻き込まれ死亡。孔子を嘆き悲しませた。

子路の曰く、願わくは子の志しを聞かん。子曰く、老者はこれを安んじ、朋友はこれを信じ、少者はこれを懐けん。

**このくだりは「孔子がそんな人だった」という話ではなく「そんな人を目指したい」と言っているから人間味がある。**孔子はここで人間関係の王道について述べている。それは相手によってとるべき態度を使い分けなければいけないということだ。

年長者には年長者が、友人には友人が、年下の人には年下の人が望むように接するのが、相手を思いやることになるのだ。

ＵＣＣが展開する喫茶店、上島珈琲店はテーブルと椅子の高さが他の喫茶店に比べて低い。テーブルの間も広く、客と客の体がぶつからないように配慮されている。コーヒーと併売されているお菓子は柔らかくて食べやすいし、看板とメニューも大きな文字で書かれている。

これは高齢者をターゲットとしている店であるからだ。だが、「高齢者に優しい店」「70代にオススメの店」などと大書しているわけではない。老人が「高齢者」と言われることを嫌う心理を知っているのだ。それでも自然と口コミが広がった。**相手が求めることを理解し、それに配慮して成功したのである。**

*Ultra Translated Sunzi*

# 3章

# 利益の奴隷にならないための8つの心得

映画の「II」は「I」よりもつまらないことが多い。なぜだろうか？

当然のことだが、続編を作る理由は「一作目の人気を利用し、より儲けるため」である。

一作目は「面白い映画を作ろう」という映画への純粋な情熱で作ったのかもしれないが、続編になると映画を損得勘定で考えるようになってしまうのが人間というものである。そんな考えで作られる映画が、前作を超えられるわけがない。

論語には「利益にこだわると、長期的な目標の障害になる」という話が多く登場する。本章では、その主題について考えてみよう。

超訳

# 利を求めず、義を目指せ

【里仁第四】

君子は義に詳しいが、小人は利に詳しい。

子の曰く、君子は義に喩り、小人は利に喩る。

米、ゼネラル・モーターズはかつては世界一の自動車メーカーだったが、２００９年に倒産した。

**「アメリカのプライド」とまで言われた巨大企業が株価0ドルになった**のは、アメリカ国民に大きな衝撃を与えた。

同社は新しい法人として再出発し、２０１１年になって復活の兆しを見せ始め、同年上半期、新車販売台数でトヨタを上回り世界第1位を記録した。ゼネラル・モーターズの復活をリードしたのはボブ・ルッツという取締役である。

自動車の専門家である彼は、２００９年に会社が凋落した原因を、こう説明した。

「数字だけしか知らない人々が、最上の車を作る専門家たちを組織から追い出したんだ。危機はこのせいで起きた。最上の製品とサービスで顧客に奉仕すべき企業が、コストの削減と営業利益を高めることだけに没頭した」

孔子の言う君子が求めるべき「義」とは、「自分が成すべきこと」である。自動車メーカーの成すべきことは「最高の車を作り、顧客に最高のサービスを提供する」ことで、**利益はその使命を求めるうちに得られる副産物に過ぎない。**ゼネラル・モーターズの失敗は「小人」たちが幹部になり、その基本を忘れ利益を追求した結果だったのだ。

超訳

# 利益の奴隷になるな

【里仁第四】

金儲けに目がくらむと、人の怨みを買うことが多い。

子曰く、利に放りて行なえば、怨み多し。

たしかに、利益をあげることに捕われてビジネスをすると、人の恨みを買いやすい。**だが、そこで上手に振舞うことで、利益はもちろん信用と尊敬まで得ることができる。**

日本の田舎は過疎化が進んでいるので、スーパーマーケットの集客が難しいのは周知の事実である。だが、その常識を打ち破って田舎で成功したスーパーがある。その名は「A－Z」。敷地が東京ドームの3・6倍に至る超巨大スーパーだ。成功の秘訣は徹底的に「顧客本位の経営」をしたことである。田舎のスーパーだとしても、多様な商品を取り揃えていなければ顧客は来ない。そこで「A－Z」は消費者が必要とする全ての商品を並べることにした。

食料品、生活雑貨、書籍はもちろん、仏壇や自動車（なんと車検もできる）まで38万点にのぼる商品を揃えているのだ。「AからZまで、全てがある」という意味の社名にも、その哲学が表れている。

元社長の牧尾英二氏は、自らの経営哲学を「利益第二主義」と表現した。

「経営者が利益に目がくらむと、何もできないのです」

「企業の目標は利益ではなく、会社を維持、存続させること。それに必要最小限の利益さえ得られれば良いという姿勢で運営するのが大切なのです」

彼のビジネスが成功した要因は、利益に従って行動しなかったからなのだ。

超訳

# 不正な富は不安だ

【述而第七】

粗末な食事をして水を飲み、腕を枕にする生活をしていても、楽しみはあるものだ。
道に外れたことで金持ちになっても、私にとってそれは浮雲のように中身のないものだ。

子の曰く、疏食を飯い水を飲み、肘を曲げてこれを枕とす。楽しみ亦た其の中にあり。不義にして富み且つ貴きは、我れに於いて浮雲の如し。

アメリカでマフィアの勢力が衰退した原因の一つに、麻薬の売買があったという。一時的には高い利益を得られたかもしれないが、それによって警察と政治家を敵に回し、それが組織を壊滅させたのだ。

**不正な方法で富を築くのはこのように不安なもので、まさに「浮雲」のようだと言えるだろう。**

犯罪組織ですらこうなのだから、会社に「道に外れた方法で利益を得ている」というイメージが付けば、危険なのは当然だ。スポーツ関連商品を扱う世界的企業、NIKEは1990年代、発展途上国の労働者を低い賃金で使ったり、労働者に対する暴言があったなど、人権問題で非難の的になっていた。

ある工場で支払われた賃金の総額が、マイケル・ジョーダンに支払った広告料にも及ばないことがマスコミで報じられたこともある。NIKEは、そんな問題は現地の工場が対処すべきことで、本社には関係がないと主張していた。しかし市民団体やマスコミは、NIKEが生産工程全体にわたって社会的責任を負うべきだとして不買運動を始めた。

その運動はアメリカ、カナダ、オーストラリアにまで広げられ、結局NIKEは生き残るために社会的要求に従わざるを得なかった。これは企業が社会の倫理基準を満足させないと、存続が不可能だということを示す良い事例である。**長く生き残るためにも、善良に振る舞う必要があるのは、会社でも個人でも同じことなのである。**

超訳

# 小さなことにくよくよするな

【衛霊公第十五】

君子にとって一番大事なのは道の追求であって、利益ではない。食べるために畑を耕していても飢えることもあるし、学問をしていても、それで給料を得ることもある。君子は道について心配するだけで、貧しくなることについては心配しない。

子の曰く、君子は道を謀りて食を謀らず。耕すも飢え其の中に在り、学べば禄はその中に在り。君子は道を憂えて貧しきを憂えず。

**本当に重要なことを成そうと思ったら、目の前の小さな利益に囚われてはいけない。**

１９３３年、アメリカのある研究所の所長がヨーロッパから来た学者と面接した。彼を教授としてスカウトするためだった。所長が尋ねた。「年俸はどのくらい欲しいですか？」すると学者は「３０００ドル（今の価値に換算すると約３５０万円）です」と答えた。世間に疎いその学者は、ヨーロッパで自分が得ていた給料をそのまま口にしたのだ。しかし、アメリカの教授たちは、その2倍を超える７０００ドルをもらっていた。悩んだ所長は、1万ドルの年俸を提示した。学者が驚いたのはもちろんだ。

ビジネスにおける駆け引きに通じた人から見れば、３０００ドルを要求した相手に１万ドルを払う所長も、自分の価値も知らず低い年俸を望んだ学者も、両方とも馬鹿に見えるかもしれない。

実は、その学者はアルベルト・アインシュタインだった。プリンストン高等研究所の所長だったエイブラハム・フレクスナーは、お金を節約するより、相手の心を得る方を選択したのだった。

フレクスナーの態度に感激したアインシュタインは、のちに他大学がはるかに良い条件で自分をスカウトしようとしても、断って一生プリンストンに残った。

**フレクスナーは目の前の小さな利益を捨てて、のちに研究所に莫大な利益をもたらしたのだ。**

超訳

# 貪欲な者は強くない

【公治長第五】


孔子が言われた。

「私は今まで強い人を見たことがない」

ある人が言った。

「※申棖《しんとう》がいます」

孔子が答えた。

「彼には欲がある。どうして彼が強いと言えよう」

※孔子の弟子。門下中では腕力が強い豪傑として知られていた。

子曰く、われ未だ剛者を見ず。或るひと対えて曰く、申棖と。子の曰く、棖や慾なり、焉んぞ剛なることを得ん。

私たちは度々、貪欲な人を強い人だと錯覚する。それは彼らが成功しているのを目にするからだが、実はそんな人は自分の欲のせいであっという間に没落することもある。

アイルランドにショーン・クインという企業家がいる。彼は北アイルランドの貧しい農家の子として生まれ、14歳で学校を辞めて実家を手伝った。20代だった1973年、父に100ポンド（約1万8000円）を借りたクインは、採掘ビジネスの成功を皮切りにセメント、ホテル、不動産、保険など次々にビジネスを拡大し、財産を急速に殖やしていった。

2008年には60億ドルの資産を持ち、フォーブスが選定したアイルランド最高の富豪となった。だが2011年11月、彼は破産した。2007年、アイルランドのアングロ・アイリッシュの株価によって騰落する金融派生商品に手を出したのが仇となった。金融危機が発生した際、株式は暴落し、派生商品も同じ動きを見せた。

**彼が採った方法は資金をさらに調達して投資の規模を増やすことだった。**結局その銀行は破産し、国有化された。彼は莫大な損失を出し財産を失い、さらには借金まで背負うことになった。破産とは別に、彼は会社のお金を横領した嫌疑までかけられている。

クインが成功したのは、膨張するあくなき欲望に従順だったからだと思われるが、没落したのも、その気質のせいである。孔子の言う通り、**欲がある人は、強い人とは言えないのである。**

超訳

# 小さな利益に左右されず、大事を為せ

【子路第十三】

早急に成果をあげようとしてはいけない。
小さい利益に気を取られてもいけない。
焦ると仕損じるし、小さい利益に気を取られると、大事を成し遂げられない。

子曰く、速かならんと欲すること毋かれ、小利を見ること毋かれ。速からんと欲すれば則ち達せず、小利を見れば則ち大事成らず。

この孔子の教えにぴったりの人生を生きている人がいる。それは『奇跡のリンゴ』で有名なリンゴ農家、木村秋則である。

彼は29歳の頃『自然農法』という本と出会い、リンゴを無農薬で栽培することを目指し始めた。が、農薬の使用を中止した途端、害虫が大量発生して収穫量はゼロになってしまった。木村は税金や子供たちの教育費も支払うことができなくなった。

生活苦でキャバレーのアルバイトまでしてみたが、暴力団に因縁をつけられ、前歯を折られた。**自殺するためにロープを持って、山に登ったこともあった。**だが、そこで木村はドングリの木が害虫に食われていないことに気付き、その理由について考えるようになった。研究してみると、その秘密は農薬が散布される枝や葉ではなく、土の微生物にあることが分かった。そこで彼は雑草も抜くことなく果樹園を半ば放置し、肥料や農薬で汚染された土が自然の力を取り戻すのを、何年もかけて待った。

木村の他にもリンゴの有機栽培に挑戦した農家はいたが4、5年で諦めた。反面、彼は自分の有機栽培が実を結ぶまで11年待ち続けた。**5年くらいの時間は人間には長いが、自然にとっては短い時間だ**と思ったからだ。彼は今、自然農法の分野で世界的名声を得ている。

「早急に成果をあげたい」と考えず、「小さい利益」に左右されずに大事を志したから成功したのである。

超訳

# 人間は本来、真っ直ぐな存在

【雍也第六】

人は本来、真っ直ぐな道を生きる存在だ。
曲がった道を生きられたとしても、それは幸運にすぎない。

子曰く、人の生くるは直し。これを罔いて生くるは、幸いにして免るるなり。

陽貨欲見孔子孔子不見歸孔子豚孔子時其亡也而往拜之
學進則易得也子曰二三子憾々言是也諭之可也山
擾以費畔召子欲往子路不說曰末之也己何必公山氏之之
子曰夫召我者而豈徒哉如有用我者吾其爲東周乎子張問
仁於孔子孔子曰能行五者於天下爲仁矣請問之曰恭寬信
敏惠恭則不侮寬則得衆信則人任焉敏則有功惠則足以使

**人間はなぜ、真っ直ぐな道を生きなければいけないのか？**

それは人に迷惑をかけないためだが、自分自身のためでもある。

ワールドコムは資産が１０４億ドルに至る、アメリカ第2位の電気通信事業者であったが、会計操作事件が起こり、１ヶ月後に破産した。

ＣＥＯだったベルナルド・エバースは粉飾決算などの罪に問われ、懲役25年を宣告され服役していた。だが健康状態の悪化で２０１９年に釈放され、翌年亡くなった。不道徳な姿勢で会社を経営した結果、会社を破産させたことはもちろん、自分の人生をも破滅させたのである。

アメリカの七大会社の一つだったエンロンも、株価操作、横領、収賄、粉飾決算など腐敗が進み、２００1年に破産した。資産が66億ドルにのぼる超巨大企業が、道に外れた行ないで自滅したのである。

**このような失敗は、経営者の無能が招いたのだろうか？**　そうではない。「真っ直ぐな道」を外れたからだ。右の事例から分かるように「曲がった道を生きられたとしても、それは幸運に過ぎない」のである。

超訳

# 初心忘れるべからず

【憲問第十四】


子路が完全な人について尋ねると、孔子は言われた。

「臧武仲《ぞうぶちゅう》の知恵と、公綽《こうしゃく》の無欲と、卞荘子《べんそうし》の勇気と、冉求《ぜんきゅう》の才能を備え、さらに礼儀と教養を備えていれば、完全な人と呼ぶことができるだろう」

そして、孔子は一言付け加えた。

「しかし、今の人にそこまでは望めまい。目先の利益があっても義について考え、いざとなれば命を捨て、昔の約束を忘れないなら、完成された人と言って良い」


子路、成人を問う。子の曰く、臧武仲の知、公綽の不欲、卞荘子の勇、冉求の藝の若き、これを文るに礼楽をもってせば、亦たもって成人と為すべし。曰く、今の成人は何ぞ必らずしも然らん。利を見ては義を思い、危うきを見ては命を授く、久要、平生の言を忘れざる、亦たもって成人と為すべし。

臧武仲は魯の権力者、公綽は精錬な政治家、卞荘子は魯の武人、冉求は魯の有能な官僚である。現代に置き換えると、「スティーブ・ジョブズの知恵と本田宗一郎の才能と、松下幸之助の倫理観を兼ね備えた人であれば、立派なビジネスマンと言えるだろう」とでもなるだろうか。

当然、そんなことは無理だ。

本文の言い回しではないが「今の人にそこまでは望めまい」。**利益を目の前にしても、それに惑わされず、初心を忘れなければ良いビジネスマンと言えるのだ。**

安価なハンバーガーショップを成功させた、あるビジネスマンの実話がある。彼の店は大学の前にあり、キャベツと豚肉をソースと一緒に炒めた具を入れた、独特なハンバーガーを1個約100円の安値で販売して、学生の間で人気になっていた。

しかし、突然キャベツの価格が高騰し、100円で売れば売るほど損害を出すようになった。彼はハンバーガーの価格を上げるかどうか悩んだが、**今まで学生たちが自分の店を利用してくれていたのは、安価な食べ物を提供していたからだと考え、価格を維持した。**

キャベツ市場が落ち着いた後、彼がかつて下した決断が学生たちに知られて、評判となったハンバーガー屋は、以前にも増して繁盛するようになった。

**このように物事を損得で考えない態度が、逆にビジネスの成功をもたらしたのである。**

Ultra Translated Sunzi!

# 4章

# 組織の中でどのように生きるべきか

孔子が活躍していた春秋時代は、人々が氏族中心の生き方から脱却し、きちんとした国家組織を運営し始めた頃である。

こののち、国家が必要としたのは、集権体制のもと、効率よく協力して国家を運営できる官僚たちだった。『論語』はこのように組織で生きる人々に求められて書かれたのだ。

だから、『論語』では官職にある人たちが組織の中でどう生きるべきかについても、よく書かれている。

本章では、『論語』から現代の社会人の職場処世術として有用な部分を抜粋した。時代が変わっても色褪せない組織処世術の原則を、孔子から学んでいこう。

超訳

# 和して同ぜず

君子は人と「和」しても「同」ぜず。
小人は人と「同」じても「和」せず。

子曰く、君子は和して同ぜず、小人は同じて和せず。

【子路第十三】

**「和」と「同」の違いは何だろうか。**二つとも人との付き合いを意味しているが、その中身は異なる。

「和」とは**「違う要素が集まって、一つの形を成すこと」**であり、同とは**「同じ要素が集まって、烏合の衆を成すこと」**ということになるだろうか。

マイクロソフトは2010年頃サイロ化が深刻になっていた。サイロ化とは、部門同士が孤立することだ。各部門が自分たちの利益や目標を優先したため連携がとれなくなり、全社的な戦略がとれずにクラウドやモバイルの分野で苦戦することになったのだ。

この事例から「同」と「和」の差を明確に知ることができる。自分たちの部門を優先して会社を衰退させた社員たちの行動は「同」にあたる。彼らは「同じ部門」という、さして重要でもないことを口実として私利私欲に走り、会社に損害を与えたのだ。

2014年にCEOに就任したサティア・ナデラは「ワン・マイクロソフト」という目標を掲げて部門間の協力を促進し、組織全体のために一人ひとりの社員が努力する「和」の精神を思い出させた。

その結果、マイクロソフトでは、Office 365やAzureといった異なる製品の連携が行なわれた。さらに、TeamsとOutlookやWordなどで同じAIが使われるなどAI分野でも大きな発展を遂げ、ユーザビリティも大きく向上した。そして、マイクロソフトは、クラウドだけでなくAIの分野でもリーディングカンパニーの一つとなったのだ。

超訳

# 失敗をごまかすな

【子張第十九】【衛霊公第十五】


子夏が言った。

「小人は間違いを犯すと、必ず口でごまかそうとする」

孔子は言われた。

「間違いを犯してもそれを改めない、それこそが、本当の間違いなのだ」


子夏が曰く、小人の過つや必らず文る。

子の曰く、過ちて改めざる、是れを過ちと謂う。

失敗の報告はビジネスの基本中の基本だ。だからこそ、この本文は肝に銘じておかなければならない。

多摩大学の樋口裕一客員教授によると、無能な部下の言い訳には次のようなパターンがあるという。

・**「単純なミスだった」と言う**……自分の仕事を大切にしていない人が多く使う言い訳。小さなミスでもそれが多いのは、真面目に働いていない証拠だ。

・**自分の間違いを他人のせいにする**……責任感がない人がたびたび使う手だ。他人に責任をかぶせて、職場の人間関係まで悪化させる、最悪のパターン。

・**体調のせいにする**……自己管理能力が低く、自立できない人が使う言い訳。風邪や腹痛のせいにしていると、本当に体調が悪い時に「またか」と思われてしまう。

・**「失敗は織り込み済みだった」と主張する**……会社への帰属意識が薄い人がよく使う。自分の失敗を第三者のものかのように軽く扱い、責任を回避しようとする。

当たり前のことだが、このような言い訳は社会人生活を送るうえで、百害あって一利なしである。上司・同僚に信頼されるためには、孔子と子夏が言うように、ミスをごまかさず、それを正直に認めて問題の解決に注力する態度が重要なのである。

超訳

# 真面目な人はどこに行っても好まれる

【子路第十三】

※樊遅《はんち》が仁について訊くと、孔子はこう言われた。
「つつしみ深く生活し、慎重に仕事をし、人に誠意を尽くせば、野蛮人の国に行っても無視されることなく、仕事をもらえるだろう」

※孔子の弟子。ピントが外れた質問をすることが多く、師に「小人」と評されたことも。

樊遅、仁を問う。子の曰く、居処は恭に、事を執りて敬に、人に与りて忠なること、夷狄に之くと雖ども、棄つべからざるなり。

孔子の言う「野蛮人の国」とは、中国以外の外国を意味する。

かつての中国では、中国を世界の中心だと考え、自国以外の国は「夷」「狄」と言って「野蛮人の国」だと表現していた。だから孔子の言葉を、外国人差別を除いて表現すれば**「真面目な人は、どこに行っても成功する」**となるだろう。

映画『ロード・オブ・ザ・リング』シリーズに登場する印象的なキャラクター、ゴラム。人間と似ているが目がとびきり大きく、骨と皮ばかりの小さな体格を持つ、不気味な生き物である。ゴラムは100％CGで制作されているため、声を録音するために声優が必要だった。そこでアンディ・サーキスというイギリスの俳優が雇われた。

彼は当初、声の録音のみを担当する予定だったが、収録が始まると演技に没頭。目をぎょろつかせ、つばを飛ばしながらゴラムを熱演した。**声優の域を超えた真面目な演技に感嘆したピーター・ジャクソン監督は、彼にモーション・キャプチャー用の動作演技、表情演技まで任せた。**彼は画面にこそ登場しなかったものの、CGの作成に大いに貢献した。

映画が大成功したことで、彼も有名人になった。その演技が評判を呼び、のちの映画『キング・コング』や『猿の惑星　創世記』でもCGキャラクターの演技を担当するようになった。

「真面目な人は、どこに行っても成功することができる」という孔子の教えに、ぴったりな人物である。

超訳

# 職務の範囲

【憲問第十四】

孔子は「責任ある地位にいなければ、仕事について論議すべきではない」と言われた。

曾子も「君子は、上司の職分のことまで考えない」と言った。

子の曰く、其の位に在らざれば、其の政を謀らず。曾子の曰く、君子は思うこと其の位を出でず。

このくだりからは社会人生活を円滑なものとするために、重要な鉄則を学ぶことができる。それは**「お互いの職域を尊重すること」**である。

ソフトバンクグループの創業者、孫正義は24歳の時、NECのパソコン関連の雑誌を販売していたが、売れ行きが芳しくなく、廃刊の危機に瀕していた。苦境を打破しようとCMを打つことを考えたがコストがかかるため、NECの広告部長に連絡して「NECのパソコンだけを扱う雑誌だから、廃刊されればそちらとしてももったいないし、一緒に広告を打てば御社のお役に立ちます」と熱心に説得したが、返ってきた反応は冷たいものだった。

そこで孫はNECの副社長と知己だったため、彼に直接提案したところ「それは面白いアイディアだ。一緒にやろう」と言われた。副社長は「広告部長には私から話しておく」と言ったが、孫は丁重に断った。上から命令されると、広告部長のプライドに傷を付けることになるからだった。孫は広告部長に再度連絡を取り「上層部に一度打診してみてください。それでもダメなら諦めます」と伝えた。広告部長が言われた通りにしてみたところ、CMの案は簡単に通った。

CMの効果もあって、赤字だった孫の雑誌は黒字に転換したという。

**なにかと「豪腕経営者」と騒がれる孫だが、このように相手の職域に配慮した交渉ができるからこそ、今日の成功があると言えるだろう。**

超訳

# 上の人の役割と下の人の役割

【衛霊公第十五】

君子には小さな仕事を任せることはできないが、大きな仕事を任せられる。小人には大きな仕事を任せることはできないが、小さな仕事を任せられる。

子の曰く、君子は小知すべからずして、大受すべし。小人は大受すべからずして、小知すべし。

このような話がある。

あなたが商談で、ある会社を初めて訪問したとしよう。あなたは商談の相手が、その会社で要職にある人なのかを見極めたい。どうすればいいだろうか？

最も簡単な方法は**「パソコンのメモリー容量を尋ねる」**ことだ。「4GBですよ」とすぐに正確な数字を答えれば、彼はその会社にとって重要な人物ではない。知らなければ、彼は重要な意思決定を任されている人物である。

もちろんこれはジョークだが、一定の真実を含んでいる。

社長や取締役は重要な意思決定をしているが、社内の些細なこと――パソコンのメモリー容量など――は知らない場合が多い。中堅以下の社員は実務には詳しいが、会社の全体像を把握していないことが多い。この違いは階級が違うからではなく、仕事の種類が違うから生じているに過ぎない。

かつての中国では、上の人が詳しい実務に通じていることを恥だと考えるおかしな伝統があった。本文はそれを勘案して読むべきだろう。

今日の私たちに求められているのは、**上の人は会社の実務を把握するために努力する一方、中堅以下の社員たちは会社の全体像を理解するために努力すること**だろう。お互いの立場を理解することで、もっともっと効果的に協力ができるからだ。

超訳

# ビジョンを同じくする者と働け

**志を同じくする者としか、共に仕事をしてはならない。**

子の曰く、道同じからざれば、相い為めに謀らず。

【衛霊公第十五】

シリコンバレーの格言に、**「あなたを狂人扱いしない所で働くべきだ」**というものがある。

自分という人間を理解してくれる人と、仕事をするべきだということだ。

村上春樹は日本に限らず、海外でもベストセラー作家として有名である。商業的な面だけではなく、常にノーベル文学賞の候補に挙がるほど、高く評価されている。さて、いくら素晴らしい作品を書く作家も、作品が日本語から英語に翻訳されて世界各国に売られなければ、これほどまでに有名になることはない。彼はどうやって海外での知名度を得たのだろうか。

村上の小説が初めてアメリカで紹介された時、彼の小説はあまり受け入れられなかった。普通の作家ならそこで終わっていたはずだが、村上は違った。彼はアメリカ最高の文学専門出版社であるクノップフを訪ねた。そこでカリスマ的名物編集者のゲイリー・フィスケットジョンと出会った。村上の小説を気に入ったフィスケットジョンは、その後20年にわたって担当編集者として彼をサポートすることになった。

**世界に広く受け入れられたいと願う作家が、良質な海外文学を発掘・出版しようとしている名物編集者と出会ったのは幸運だった。**村上は、自身のアメリカでの出版活動を振り返り、フィスケットジョンを翻訳家と並んで最高の恩人だと思っていると述べた。何をするにしても**「同じ志（ビジョン）を追求している人」**と行動を共にするべきなのである。

超訳

# 君子も憎むべきものがある

【陽貨第十七】

子貢が孔子に訊いた。
「君子でも憎むことがありますか？」
孔子は答えた。
「ある。人の短所をしゃべり立てる者を憎むし、
上司の陰口をたたく部下を憎むし、勇ましいが礼儀に欠ける者を憎むし、
行動力はあるが頑固な者を憎む」

子貢問いて曰く、君子も亦た悪むこと有りや。子の曰く、悪むこと有り。人の悪を称する者を悪む。下に居て上を謗る者を悪む。勇にして礼なき者を悪む。果敢にして窒がる者を悪む。

孔子は「人の短所をしゃべり立てる者」「上司の陰口をたたく部下」を嫌うと言った。このような人は、会社で派閥作りや社内政治にうつつを抜かすタイプだ。

では「勇ましいが礼儀に欠ける者」と、「行動力はあるが頑固な者」とは、どんな人だろう?

これは**有能だが組織を無視し、独断専行で仕事を処理する人の描写である。**

英国のベアリングス銀行は、1762年に設立された老舗銀行で、エリザベス2世など上流階級の顧客を抱えていた。しかし、その銀行はニック・リーソンという一人の職員が犯した無謀な行為のせいで1995年、破綻した。

リーソンは入社した当時こそ、高い実績をあげて経営者から信頼されていた。だが、その後自分が発生させた損失について報告を怠った挙げ句、それを挽回しようと無謀な取引を強行、結果として莫大な損害を会社に与えた。彼一人が出した損失は約1560億円。232年の伝統を誇るベアリングス銀行は、こうしてもろくも破産してしまった。

有能にみえた社員の正体は、**上司や会社に自分の失敗を隠し、会社を破産させるほどの危険な取引を勝手に行なっていた詐欺師だったのだ。**

このように、いくら仕事ができても、組織を尊重しない者は役に立たないということだ。

超訳

# ときには、ゆとりも必要

【子張第十九】

子夏が言った。

「大きい徳から離れなければ、小さな徳は多少、変動しても構わない」

子夏曰く、大徳は閑を踰えず。小徳は出入して可なり。

つまり**「大きな原則さえ守っていれば、小さな逸脱があっても構わない」**ということだ。

Googleは自由な社風で有名な会社だ。廊下には社員たちが連れて来た犬や猫が遊んでいて、オフィスでピアノを弾いたり、マッサージチェアを使ったりすることもできる。

普段、マスコミで話題になるのはここまでだ。だから、多くの人は「これだけの自由を与えても業務に支障がないのか」と思い、「Googleだからできるんだよな、我が社では絶対無理だ」とため息をつく。

**しかし、もっと重要なのはここからだ。**

実は、Googleでは社員たちの成績の評価、昇進の履歴、勤務態度など驚くほど多くのデータが徹底的に管理されている。人事部ではアルゴリズムを使ってそのデータを分析し、どの社員がいつ会社を辞めるのか予想することさえできる。人材の流出を予想し、それに備えるためのシステムなのだ。

一見自由に見えるGoogleだが、実は社員たちの状態は綿密な計画のもと、徹底的に管理・分析されているのだ。このようなシステムがあっては、責任を回避して自由を満喫するわけにはいかない。

私たちはGoogleの事例から良いヒントを得ることができる。子夏の言う通り、**大きい徳――つまり業務の成果など、本当に重要なことは徹底的に管理すべきだが、小さな徳――それ以外の些細なことにはたっぷりゆとりを与えても良い**ということだ。

Ultra Translated Sunzi!

# 5章
# 孔子が教える上司との上手な付き合い方

スウェーデンで、3100人のサラリーマンを対象とした11年間の研究結果によると、上司とのトラブルを抱えている人は、高血圧や脳卒中などの疾患にかかる確率が普通の人に比べてずっと高いという。

上司と良好な関係を築くのは、快適な社会人生活のために必須な条件なのだ。『論語』が書かれた当時もそれは同じだっただろう。『論語』は基本的に官職にある人のための本なので、上の人にどう仕えるべきかについてよく書かれている。

例えば「上司の顔色を見ずに余計なことを言うな」といった実用的なアドバイスまであるのだ。それでは続いて本章を読んでみよう。

超訳

# 上司にしてはいけない三つのこと

【季氏第十六】

上の人に仕えるにあたって、やってしまいがちな三つの過ちがある。言及されてもいないことを、先に言い出すのは焦り過ぎである。言及されているのに、発言しないのは隠し過ぎである。顔色を見ずに話しかけるのは、注意力不足である。

孔子の曰く、君子に侍するに三愆あり。言未だこれに及ばずして言う、これを躁と謂う。言これに及びて言わざる、これを隠と謂う。未だ顔色を見ずして言う、これを瞽と謂う。

**孔子は「仁」や「徳」など雄大な理想ばかりを語ったわけではない。**このように人間臭い、具体的な処世術についても言及している。この部分は社会人生活を送るうえで、すぐにでも応用できる重要な部分だ。

**【会社における三つの過ち】**

**1、言及されてもいないことを、先に言い出す**

→「社長、我社のロゴデザイン、格好悪いですよね。変えてみませんか？」

**2、会議で言及されている問題について、何も発言せず、黙っている**

→「お前は何を考えているのか分からん。意見もないのか？」

**3、機嫌が悪い上司に、耳の痛い報告をする**

→（朝に妻と喧嘩した様子の上司に）「部長、今回の売り上げを計算しましたが、赤字になるようです」

人格的に未熟な上司の下に付いた場合は、とくにこの三つは重要だ。注意しておいて損はない。

超訳

# 自分を道具だと思うな

【為政第二】

孔子は言われた。
「君子は、道具※のような存在になってはならない」

※本文は直訳すれば「君子は器ではない」となる。これを「器のように一つの機能しかない存在ではない」とか「器のように容量の制限がある存在ではない」と解釈する場合が多いが、これはおかしい。「器」は「容器」の器ではなく、武器の「器」である。つまり「道具」と解釈するのが正しい。

子の曰く、君子は器ならず。

『ゴッドファーザー』はアメリカ映画協会が選定した「史上最高の映画100選」（2007年度）で2位にランクしたほどの傑作だが、**制作当初はまったく趣きの違う企画だった。**

映画会社が望んだのは、バイオレンス描写あふれるマフィア映画を軽く作ってお金を稼ぐことだった。

最大限に利益をあげるために制作費も削った。監督は若手のフランシス・コッポラ。若い監督は給料も安いし、操るのも楽だろうと考えたのだ。

だが、コッポラは本当に良い映画を作りたいという情熱を持った男だった。頑固な彼は、ことあるごとに会社幹部と対立した。

会社としては、商業的な成功のために、主人公だけは有名な俳優を起用しようと考えていたが、監督はアル・パチーノという無名の新人俳優に固執した。作品は会社の思惑から離れていき、監督の完璧主義が完成を遅延させ、どんどん制作費がかさんでいった。

こうして会社幹部たちを悩ませながら完成した『ゴッドファーザー』は封切り後、空前の大ヒットとなったのはもちろん、映画史上に残る偉大な映画として記憶されることになった。**この成功は彼が自分を映画会社の道具だと思わず、ひたすら良い映画を作るために努力した結果である。**企業においても、社員が自分を組織の道具だと考えず、主体的に働くと、個人としても組織としても利益になることを忘れてはいけない。

超訳

# 認められないことを悩むな

【里仁第四】

地位がないことを悩まず、その地位を得るための方法について悩め。
自分を認めてくれる人がいないことを悩むのではなく、認められるだけのことをせよ。

子の曰く、位なきことを患えず、立つ所以を患う。己を知ること莫きを患えず、知らるべきことを為すを求む。

1990年、41歳の専業主婦、橋本真由美は子供たちの学費を稼ぐためにブックオフ1号店でパートを始めた。彼女は短期大学を卒業後、3年ほど栄養士として働き結婚を機に退職、その後は17年間主婦として働いたのが経歴の全てだったが、「目の前の課題を順番に片付ける」「その際に工夫をする」「うれしい時はみんなで喜び、失敗した時は、みんなで考える」といった主婦目線の働きぶりから、正社員として登用される。

経営店舗面積が限られる新古書店というビジネスの特徴上、彼女の姿勢は店の運営に役立ったのだ。

ブックオフの成長と共に、彼女は1994年には取締役にまでに昇進し、2006年には社長に就任した。パートの専業主婦が、全国に約860店の店舗と約7000人の職員を抱える企業のCEOになったのだ。

筆者は何も、皆がこのようになれると言いたいわけではない。重要なことは、孔子の言う通り、地位を欲しがる前に、まず自分の役割に忠実になることである。**組織に利益となる人材であれば、会社だって放っておかないはずだ。**

橋本も、最初は自分が社長にまでなるとは予想しなかったはずだ。**彼女はただ目の前の仕事を真面目に片付けていった結果、成功することができたのだ。**会社でどんな態度で働くべきか、彼女の事例は多くの示唆を与えてくれる。

超訳

# 人を恨むな、自分を恨め

【憲問第十四】【衛霊公第十五】

自分が認められないことに不満を持つな。実力が自分にないことを自覚せよ。君子は人に分かってもらえないことを気にせず、自身の才の欠如を心配するものだ。

子の曰く、人の己れを知らざることを患えず、己れの能なきを患う。
子の曰く、君子は能なきことを病う。人の己れを知らざることを病えず。

ここでも孔子は、「自分が認められないことに不満を持つ」ことの愚かさを訴えている。

サラリーマンの中には**「俺は一生懸命に働いているのに、上司は俺を認めてくれない」**と言う人がいる。たしかにそれは職場、上司の問題かもしれないが、そう考える前にまずは自分のことをチェックしてみる姿勢も大事だ。結果が良くないのは、その方法に問題があることがほとんどだからだ。

かの発明王、トーマス・エジソンはこう言った。

「忙しくしているからといって、それが仕事を真面目にしていることを意味するかというと、必ずしもそうとは言えない。あらゆる仕事の目的は結果を出すこと、実際に物を作り出すことである。そうするためには事前の配慮、計画に基づいた方法、情報、明確な目標、そして努力が必要だ。ただ『働くように見える』のは働くことではない」

もし、ある社員が本当に役に立つ存在で、会社に利益をもたらしているならば、会社も彼を無視することができないのだ。過小評価されていると感じるのであれば、もっと努力するしかない。**ただただ熱心に働くだけではなくエジソンの言う通り、事前に入念な準備を重ね、利口に働いて実際の成果を出す必要があるということだ。**

超訳

# 謙遜の美徳

【公冶長第五】

孔子が弟子の漆雕開《しっちょうかい》に仕官を勧めると、彼は答えた。
「私にはまだ、官職につく資格がないと思っています」
孔子はこれを聞いてとても喜んだ。

子、漆雕開をして仕えしむ。対えて曰く、われ斯れをこれ未だ信ずること能わず。子説ぶ。

**自分の能力をひけらかしたり、高い地位を望んで隠さなかったりすると、確かに簡単に登用され昇進するかもしれない。しかし嫉妬の対象になりやすいし、本当に見識ある人には取り立ててもらえない。**

中国を初めて統一した秦の始皇帝が逝去すると、全土はまるで日本の戦国時代のように、多くの領主が蜂起し入り乱れる、混沌とした時代を迎えた。沛県《はいけん》という地方都市も、乱世を生き残るために新興勢力だった劉邦という男を招いた。

ここで問題が起きた。沛県のリーダーである知事が「劉邦を味方に迎えたら、俺の座に取って代わるかもしれない」と劉邦の入場を阻もうとしたのだ。沛県の有能な官僚であった蕭何《しょうか》と曹参《そうしん》は、県知事を見限ってこれを殺し、劉邦を新しい知事に迎えた。

しかし劉邦は「このような戦乱の時代、立派な人間がリーダーにならなければ、滅亡してしまうかもしれません。他に適任者がいるのではないでしょうか」と固辞した。

逆にそれが県民たちの信頼を得て、結局劉邦は知事となった。この後、勢力を急成長させた劉邦は楚の項羽との壮絶な戦いを制し、漢王朝を打ち立てることとなる。**沛県の蕭何と曹参はその覇業を支え、共に相国《しょうこく》（王朝の最高職）を務めるまでになった。**

このように実力を持っていながらも謙遜の美徳を見せる者（＝劉邦）の周りには、見識のある人（＝蕭何・曹参）が集まる。これは現代社会においても同じことだから、よく覚えておいて欲しい。

超訳

# 自分の考えを持つべき

【衛霊公第十五】

仁を実践するにあたっては、たとえ師匠※にも遠慮はいらない。

※「師匠にも遠慮はいらない」とは、確固な考えを持ち、それを絶対妥協しないようにすべきだという意味。

子の曰く、仁に当たりては、師も譲らず。

バング&オルフセンは、高級オーディオ製品やテレビなどで有名なデンマークのメーカーである。値段はとても高いが、音質・画質が良いのはもちろん、革新的なデザインでも多くの人気を集めてきたブランドなのだ。

2003年、新製品のテレビを発売する時の逸話である。当時CEOだったトーベン・ソーレンセンは、普段製品のデザインに口出ししないことにしていたが、この時だけは状況が違った。製品を1インチ(2・54センチ)ほど厚くすれば1年あたりで、1000万ドルもの経費節減ができるからだ。

だが、デザイナーのデビッド・ルイスにとって、経費節減のためにデザインを犠牲にするのは絶対に許せないことだった。そこでソーレンセンとルイスは1ヶ月間、延々と論争し続けた。

その結果は? **CEOの負けだった。**

「たかが1000万ドルだし、この件はなかったことにしよう」

ルイスはデザインを守るためにCEOをも退けたのだ。ソーレンセンはのちに**「1インチも譲らないルイスの頑強さが今日のバング&オルフセンを作った」**と回想した。

為政者が仁を実践するにあたって師匠にも譲らないように、ルイスはデザインについてCEOにも譲らなかったのだ。そして、その姿勢がバング&オルフセンというブランドを形作ったのである。

超訳

# 君子危うきに近よらず

【憲問第十四】

孔子は言われた。
「賢い人は、混乱した世の中から身を避ける。
次に賢い人は、混乱した土地から身を避ける。
その次に賢い人は、人の表情を見て危険な様を察知し、それを避ける。
さらに次に賢い人は、人の言葉を聞いて危険を察知し、それを避ける」

子の曰く、賢者は世を避く、其の次は地を避く、其の次は色を避く、其の次は言を避く。

**人生を効率的に生きる第一の方法は、トラブルの匂いを察知し、これを事前に避けることである。**

例えば、性格の悪い上司は、いつ爆発するか分からない爆弾のようなものだ。いつか爆発するのは仕方ないとしても、あなたが巻き込まれることだけは避けた方が良い。

そこで上手な人は上司の言葉を聞き、不穏なものが含まれていれば、これを避ける。もっと上手な人は、顔色で雲行きを察知して、静かに立ち去る。だが最も良い方法は、そんな上司がいる会社には最初から入社しないことだ。できれば働く前に職場の雰囲気を調べておきたいところだ。

そして、すでにそんな悪質な上司の下にいるのであれば、転職を考慮するのも良いだろう。この世には本当に救い難い悪人がいるが、それがあなたの上司であるなら、無条件に我慢し続けるだけが能ではない。すぐに実行に移すことはできないかもしれないが、転職を目標として準備していれば、悪い上司の下で働くのもそんなに苦しくないはずだ。

要するに、本章で提案したい最終手段は**「悪い会社は避けろ」**ということである。

これはまるで『兵法三十六計』の最後の計略が**「走為上（勝ち目がなければ、早く逃げて被害を最小限にする）」**であることと似ている。兵法の作戦が「逃げろ」なのは、おかしいと笑う人もいるかもしれないが、よくよく考えればそれが真理だと分かるはずだ。関係の改善が見込めない上司や希望のない職場にも、同じ原理が適用されるのである。

*Ultra Translated Suzu!*

# 6章
# 部下をがっかりさせないためにできること

IBMの元CEO、ルイス・ガースナーは「CEOだといっても、人に色々と指示を出すだけで仕事ができるわけではないことを思い知らされた」と就任初期の苦悩を告白したことがある。

彼は有能な経営者だが、そんな彼も部下を働かせることに苦労したのである。もしかしたら、読者の中にも部下が望む通り働いてくれないことにストレスを感じている人がいるかもしれない。

もしあなたが若く、今は部下がいないとしても、いつかは昇進して部下ができるのだ。本章では『論語』から「上司としてどう振舞うべきか」を学んでいこう。

超訳

# 自分の行動が相手の態度を変える

【為政第二】

※季康子《きこうし》が孔子に尋ねた。

「国民が君主を敬い、忠誠を誓うようにするには、どうすれば良いでしょうか？」

孔子は答えた。

「君主が国民を尊重すれば、国民も君主を敬うようになるし、君主が親に孝行し、国民にも慈悲深く接すれば、彼らは君主に忠誠を誓うし、真面目な人を登用し、そうでない人を指導すれば彼らは自ずから勤勉になるでしょう」

※季康子は春秋時代の魯（孔子の母国）の高官。

季康子問う、民をして敬忠にしてもって勧ましむるには、これを如何。子の曰く、これに臨むに荘をもってすれば則ち敬す。孝慈なれば則ち忠あり、善を挙げて不能を教うれば則ち勧む。

クライスラーの元CEO、リー・アイアコッカは、リーダーシップの要諦をこう表現したことがある。

**「リーダーシップとは、模範を見せることである」**

かのジェームズ・キャメロン監督はスタッフに無茶な要求をする現場の〝暴君〟として悪名高い。彼はストーリーボードとぴったり同じ映像を撮影できなければ怒り出す性格なのだ。自分が求めるものと違った結果が出れば我慢できないし、無理なスケジュールで完璧な出来を望むことも多かったから、苦労したスタッフはたくさんいた。

にもかかわらず、スタッフと俳優はまったく逆らわず、キャメロンの言う通りに一生懸命に努力する。これはキャメロンが無名の時代からそうだった。どうして無名の若手監督が、絶対的暴君として現場に君臨し、スタッフたちを統率できたのだろうか。

**それは彼が誰よりも率先して手本を見せたからである。**彼は『ターミネーター』の撮影中、俳優たちにアクションを指導するため、自分が直接危険なスタントをやってみせた。不眠不休で撮影に取り組んだし、小道具が気に入らなければ自分で直接手入れをした（キャメロンは小道具出身だった）。

こんな監督を、誰が非難できるだろうか。

会社でも同じである。部下は模範を見せる上司に従うということを、記憶しなければならない。

超訳

# 上の人が正しければ

【子路第十三】

上の人が正しければ、命令しなくても下の人が実行する。
上の人が間違っていれば、命令しても下の人は従わない。

子の曰く、其の身正しければ、令せざれども行なわる。其の身正しからざれば、令すと雖ども従わず。

ルイス・ガースナーは、没落していたＩＢＭを劇的に復活させたことで有名な経営者である。

彼が１９９３年、ＩＢＭのＣＥＯに就任した時の面白いエピソードがある。就任後、初めて約50人が集まる重役会議に参加した時、ガースナーは驚いた。自分はブルーのシャツを着ていたが、彼以外の全員が無地のシャツを着用していたのだ。

数週間後、また会議があった。ガースナーは今度は無地のシャツを着て会議室に入った。**すると今度は彼以外の全員が色物のシャツを着ていた。**このように、部下が上司をロールモデルにして余計なことまで真似するのは、職場ではいつも起こることである。

例えば、

- **上司が派閥作りを好めば、部下も社内政治に関心を持つ。**
- **上司が顧客を軽視していれば、部下も顧客を粗末にする。**
- **上司が仕事もないのに退勤しないと、部下もいつまでも会社にいる習慣が身に付く。**
- **上司が顧客に親切に対応すれば、部下も顧客に親切になる。**
- **上司がいつも率先して行動すれば、部下も自ら進んで行動するようになる。**

このように、良い態度も、悪い習慣も、あなたの部下は全部真似するようになる。

「上の人が正しければ、命令しなくても下の人が実行する」のは、今日もそのまま適用される話なのだ。

超訳

# 真面目なリーダー

【子路第十三】

子路が政治の原則について孔子に訊くと、「国民の先頭に立ち、かつ、彼らに対するいたわりを忘れないことだ」と答えた。子路がさらに助言を求めると、孔子は言われた。「怠けないことも肝心だ」

子路政を問う。子の曰く、これに先んじ、これを労す。益を請う。曰く、倦むこと無かれ。

年間売り上げ1400億円を誇るカー用品販売会社イエローハットの創業者、鍵山秀三郎は、自ら会社の掃除をすることで有名である。彼はカー用品販売会社の創業時、売り上げが芳しくなく社員たちの士気が低いのを見て、彼らのために何かできることはないかと考えた。そこで鍵山は社員たちが清潔なオフィスで働くことができるよう、自ら掃除を始めた。

彼は事務室、廊下、果てはトイレまで掃除し始めた。最初は「なぜ社長が掃除を？」と戸惑っていた社員たちも、毎日便器を掃除する社長に心を動かされ、自分たちも参加するようになった。そして鍵山は自分の会社だけでは飽きたらず、周りの町や公衆トイレまで掃除し始めた。

業種の特徴上、たくさんの車が往来することで迷惑をかけていると思い、恩返しを始めたのだ。のちに彼の活動に感銘を受けた他社の経営者や自営業者たち、**のべ10万人以上がこの活動を行なうようになった。**

「掃除は環境を変えるだけではなく、人間をも変える」という哲学で40年以上、率先して掃除し続けたお陰で、社員の団結力は高まって会社も有名になり、今の大成功につながったのだ。

孔子の言うように、高い地位の人に要求されるのは、**「怠けず下の人を思いやり、率先して行動する」**姿勢なのだ。

超訳

# 下の人を使うには礼が必要だ

【憲問第十四】

上の人が礼を好むと、下の人を働かせるのが簡単になる。

子の曰く、上、礼を好めば、則ち民使い易し。

漫画『ドラゴンボール』にはフリーザという強力な悪役が登場する。彼の特徴は、味方にはもちろん、敵にも丁寧な敬語を使うところである。だが、読んだ読者はお分かりだろうが、**フリーザは口調が丁寧なだけで、実際は部下を使い捨てにして尊重していない。**だから、フリーザは礼を好む上司とは言えない。相手を心から尊重していなければ、いくら口調が丁寧でも無駄なのだ。

ゼネラル・エレクトリックのCEOを務め「伝説の経営者」と言われたジャック・ウェルチ。彼は、若い頃プラスチック部門の管理担当者だったが、工場で火災が発生してしまいキャリアの危機に立たされた。ウェルチは解雇を覚悟しつつ上司に事故を報告したが、上司は責任を問うたり叱責することなく**「君はこの事故で何を学んだ?」**と質問した。

その瞬間、ウェルチの頭の中からは言い訳や責任を回避しようとする考えが消え、原因の把握と再発防止対策の策定に集中することができたという。この経験は、彼の成長に多くの影響を与えた。

人は、自分が尊重されていると感じれば、自ら頑張り業務に集中するが、軽んじられていると感じると責任を回避したり、罰を避けたりすることに汲々《きゅうきゅう》とするようになる。

部下を罰則で統制する、侮辱する、怒鳴るなどすることが仕事の効率向上に役に立たないことは色々な心理学実験で証明されている。**上の人が部下を心から尊重する――礼を好む態度を持つべき理由は、部下をよく働かせるためでもあるのだ。**

超訳

# 上司が備えるべき四つの美徳

【衛霊公第十五】

その地位に相応しい知恵を持っている人も、仁がなければその地位を守れず、すぐに失うようになる。

知恵をもっていて、仁を持っている人だとしても威厳がなければ下の人が従わない。

知恵をもっていて、仁を持っていて、威厳があっても、礼で下の人を動かさなければ、十分だとは言えない。

子の曰く、知はこれに及べども仁これを守ること能わざれば、これを得ると雖ども必らずこれを失う。知はこれに及び仁能くこれを守れども、荘もってこれに涖まざれば、則ち民は敬せず。知はこれに及び仁能くこれを守り、荘もってこれに涖めども、これを動かすに礼をもってせざれば、未だ善ならざるなり。

このくだりではリーダーに必要な四つの資質を挙げている。それは**知恵、仁、厳格さ、礼**である。

「知恵」が何であるかは明らかだし、「仁」「礼」はすでに説明したので他項に譲ろう。ここでは厳格さについて話そうと思う。

厳格さとは何だろうか？　恐ろしさのことだろうか。少し違う。

妻と喧嘩した日は朝から怒り、息子の成績が良かった日には寛大。そんな上司が厳格だと言えるだろうか。たしかに怒る時には恐ろしいかもしれないが、厳格とは言えない。

厳格さとは**「基準を持って、それを守らせる能力」**のことである。古今東西の偉大なリーダーの共通点は、高い基準を持って、皆がその基準を上回るよう努力させたことだった。

明確な基準があるから、リーダーが怒っても皆が納得するし、皆が基準を熟知しているからそれを超えようと努力する。その過程で構成員たちは「成功体験」を得て、組織はますます強くなっていく。

そして、**基準は客観的なものでなければいけない**。たとえ基準があったとしても、それが気分や状況によって左右されてしまっては台なしだ。怒った時に「なんだ、また嫌なことでもあったのか」と部下に軽蔑されるような上司は、リーダーとして失格なのだ。

超訳

# 一人に全ての才能を期待しない

【顔淵第十二】【微子第十八】

君子は他人の長所を育て、短所を抑えてくれるが、小人はその反対である。

君子は一人に全ての才能を期待してはならない。

子の曰く、君子は人の美を成す。人の悪を成さず。小人は是れに反す。

備わるを一人に求むること無かれ。

現場で人材を育てることはもちろん重要だが、最初からその職種に適した人物を配置するのが、より効率的である。なぜなら、人の気質というものは滅多に変えられないからである。だから上司は部下の専攻、特技、性格を考慮して、それに合う仕事をさせるのが良い。

筆者の友人は営業職として会社に入り、取引先の人を接待する仕事をしている。一緒にお酒を飲んだり、カラオケに行って歌を歌ったりすることもあるという。それを聞いた筆者はゾッとした。

**「私には絶対にそんな仕事はできない」**

なぜなら、筆者は人と歌を歌ったり、酒を飲んだりするのがとても苦手だからである。どのくらい苦手かと言えば、もし筆者がこの世で悪行を犯し、死後に地獄に落ちればそこでは毎日知らない人と一緒にお酒を飲みに行ったり、カラオケに行って歌を歌ったりする日々が永遠に続くことだろうと思うほどだ。

こんな筆者が接待の仕事をするのは自分にとってはもちろんのこと、会社にも良くない結果になる。

そして、筆者が無理やり気質を変えて仕事に適応するよりは、最初から酒とカラオケを苦にしない人物が営業を担当するのが望ましい。**部下を仕事に合わせるのではなく、部下に合う仕事を割り当てるのが最善ということだ。**

超訳

# 実戦の前に教育が必要だ

【子路第十三】

良い指導者が7年間にわたって国民を訓練すれば、軍人として戦場に送ることができる。
教育もしていない国民を戦わせるのは、彼らを捨てることと同じである。

子の曰く、善人、民を教うること七年、亦たもって戎に即かしむべし。
子の曰く、教えざる民をもって戦う、是れこれを棄つと謂う。

ここでは下の人を働かせる統治理論について語っている。孔子は、下の人を実戦で使うためには、教育が先に立たなければいけないということを言っているのだ。**「現場に出す前に、まずは教育」**は、成功している企業ほど重要視している原則である。

ディズニーランドは今まで存在したテーマパークの中で最も成功した遊園地だが、ここまでの成功を収められたのは**「ディズニーフィロソフィー」と呼ばれる哲学をスタッフに徹底して教育しているからだった。**これはディズニーランドで働くスタッフから経営者まで、全員が共有している哲学である。

例えば、「パークは非日常空間の演出である」「パークは家族のためのエンターテインメントだ」「全てのゲストはＶＩＰだ」といったことがそれに当たる。ディズニーフィロソフィーを大切にするキャストなら、子供の前でミッキーマウスの着ぐるみを脱いでタバコを吸う、などというミスは犯さないだろう。「パークは非日常空間の演出」だからだ。

この哲学を学ぶのは上層部の人間も例外ではない。**マイケル・アイズナーがウォルト・ディズニー・カンパニーのＣＥＯに就任した時、最初にしたことはディズニーフィロソフィーを勉強することだったという。「現場に出す前に、まずは教育」**はいかなる立場の人間にも適用されなければいけないのだ。

教育と学習は、孔子が統治の基本としていつも強調していることである。それこそが組織を成功させる最も重要な要素であるからだ。

超訳

# 君子の三つの姿

【子張第十九】

子夏が言った。
「君子は三つの顔を持つ。
遠目には威厳があり、近づくと温かく、言葉を聞くと厳格だ」

子夏が曰く、君子に三変あり。これを望めば儼然たり、これに即けば温あり、其の言を聴けば厲し。

**このくだりは理想的な上司の姿をよく表現しているから、じっくり読んでもらいたい。**

フランスの英雄、ナポレオン・ボナパルトは部下にとても厳格だったことで知られている。命令に違反した兵士を、公衆の面前で処罰したりした。

フランス軍がロシア遠征をした際、彼らは極寒の原野で野営することとなった。ナポレオンは夜に歩哨《ほしょう》に立つ兵士たちを集め「ロシア軍の夜襲に備えて警戒を厳重にするように」と命じた。居眠りするなど怠けた者は、容赦なく銃殺刑とすることも付け加えた。

その夜、ナポレオンが陣中を視察していると、見張り小屋の兵士が立ったまま寝ていた。それを見た彼は黙ってその兵士の代わりに歩哨に立った。朝になって目覚めた兵士は、ナポレオンの姿に驚き「殺してください」とひざまずいた。返事は意外なものだった。

**「私とお前以外に居眠りを見た者はいない。だから私はお前を許すことができる」**

その兵士の感動は想像に難くない。

ナポレオンは厳しい将軍で、時には冷酷な面を見せたが、部下たちにとても人気が高い将軍だった。

その理由は**公的な所では全軍を原則どおりに厳しく統率したが、私的な場所ではこのように人間味ある顔を見せたからだ。**彼は子夏が言う、君子の様々な顔を備えたリーダーだったのである。

Ultra Translated Sunzi!

# 7章 偉大なリーダーになるための8つの条件

『論語』には「何やら格言がたくさん書かれている本」というイメージがある。実は、それらの格言は国家組織を運営するための統治理論である。

孔子が生きた時代は、多くの国家が乱立し、統率力がない君主は没落していくしかない動乱の時代だった。

『論語』はこうした君主たちへ向けた本でもあったので、リーダーシップについても多くが割かれている。

孔子の思想が、当時起こった200近い統治理論の中にあって最後の勝利者になったのは、それが最も役に立つものだったからに他ならない。

本章では、そのリーダーシップの極意を学んでいこう。

超訳

# 気楽になることを求めない

【学而第一】

君子は腹いっぱい食べることを求めてはならない。気楽な生活を求めず、仕事は、言葉を慎重に選び、自分の道を正しく進むべきだ。

子の曰く、君子は食飽かんことを求むること無く、居安からんことを求むること無し。事に敏にして言に慎しみ、有道に就きて正す。学と好むと謂うべきのみ。

『アバター』や『ターミネーター』で有名なジェームズ・キャメロン監督は、今でこそ名声をほしいままにしているが、若い頃は低予算のB級映画を作らされて苦労した。B級映画『ピラニア2』制作中には、映画会社との軋轢から極度の金欠に陥り、食事代にも事欠く日々だったという。彼はホテルの廊下に置かれた、他の客が食べ残したルームサービスの食事で空腹を満たした。

こうした姿勢で映画を作り続けるうちに「安い給料にも文句を言わず、徹夜しながら一生懸命働く情熱的な監督」という評価が定着していった。キャメロンが今手にしている富、そして名声は、お金にこだわらず努力した若手時代の上に成り立っている。**彼がもし「腹いっぱい食べること」や「気楽な生活」を目指していたら、成功できていただろうか。**

彼は「自分の道を正しく」進んだのだ。「道」とは何だろうか。それは**ビジョン（人生を使って成し遂げたいこと）**である。キャメロンの「道」は映画だったから、利益を求めず頑張ることができたのだ。

映画に限らずどんな分野の人でも、楽をせずに自分が求める「道」を目指して頑張れば、成功に近付けるはずだ。

超訳

# 刑罰より徳で統治せよ

【為政第二】

権力者が法律に任せて国民を統治し、刑罰で秩序を維持しようとすれば、彼らはそれを免れることを恥とも思わなくなるだろう。だが、徳で治め、礼で秩序を維持すれば、国民は自ら襟をただし、正しく振る舞うようになるだろう。

子の曰く、これを道びくに政をもってし、これを斉うるに刑をもってすれば、民免れて恥ずることと無し。これを道びくに徳をもってし、これに斉うるに礼をもってすれば、恥ありて且つ格し。

イギリスにティンプソンという企業がある。靴や時計の修理、鍵の製作などのサービスを提供している会社で、2023年の時点で1330店舗を運営している。同社が採用している統制手法は「アップサイド・ダウン・マネジメント」。つまり上の者が下の者を管理する、既存の手法と真逆の構図である。

イギリス各地に散らばる個々のショップは、本社の指図を受けない。**重要な決定の全てを各ショップの社員たちの判断に任せるのだ。**地域の特徴、顧客の嗜好に合わせて自分たちなりのマーケティング戦略を立てたり、陳列の方法やセールなどの販促イベントも独自の判断で行なったりする。

例えば、営業時間後にお客が入って来たとしても、社員は自分の判断で閉店時間を後らせることができる。お客がお金が足りなくて困っていたら、自分たちの裁量で値引きまでしてしまう。普通の会社で働く私たちからすると、想像もできないサービスだ。

ティンプソンでは末端の社員にも1日で最大500ポンド（約9万円）まで自由に使う権利が与えられているから、個々の店舗にお客からのクレームが入った時なども、現場の判断ですぐに対応することができるのだ。

ティンプソンにはマーケティング部門もなく、広告も打たない。お客に質の高いサービスを提供しているから、口コミだけで人が集まるのだ。**「罰」ではなく、社員の自主性を重んじることで組織を発展させた好例だと言える。**

超訳

# 模範となる人を登用すること

【為政第二】

正しく模範となる人を登用し、そうでない人を登用しないことで、国民は心から服従するが、正しくない人を登用し、模範となる人を登用しないと、国民は心から服従しない。

哀公問うて曰く、何を為さば則ち民服せん。孔子対えて曰く、直きを挙げて諸れを枉れるに錯けば則ち民服す。枉れるを挙げて諸れを直きに錯けば則ち民服せず。

上の人が誰を登用し誰を昇進させるのかは、下の人たちに多くの学習効果を与える。筆者が知るある会社では、いつもライバルについて陰口を言ったり、社長におべっかを使ったりする人が社長に認められ、幹部にまで昇進してしまったことがある。

これは良くない前例を作ることになった。なぜなら、社長以外の社員は、彼がどんな人物なのかをよく知っていたからだ。そんな人を昇進させたことで社長は全社員に、**この会社でどう振る舞うべきかについて良くないメッセージ**を伝達してしまったのである。

2004年、マクドナルドのCEOに就任したチャーリー・ベルは、同社の食品が健康に及ぼす問題についてのバッシングに賢明に対応し、サラダメニューの開発や奇抜な広告戦略で売り上げを伸ばした優れた経営者である。**驚くべきことに、彼はもともとマクドナルドのアルバイト店員だったのだ。**

彼は15歳でシドニーにてアルバイト店員として入社後、19歳で最年少のマネージャー、27歳の時にはオーストラリアのマクドナルドの副社長になり、その後、マクドナルド本社でアジア・中東・アフリカ地域を統括する経営者にまで昇進した。彼が店員だった頃、スタッフのほとんどは彼より年上だったが、彼は物怖じせずに店をどう経営するべきか、討論したりしたという。こういう真面目な態度が認められて、早く昇進をしたのである。

**模範となる人が早く昇進する組織、そしてアルバイトにもかかわらず組織の発展を考える意欲のある店員、その組み合わせが、会社に繁栄をもたらしたのだ。**

超訳

# 中庸の精神とは

過ぎたるは、及ばざるが如し。

子の曰く、過ぎたるは猶お及ばざるがごとし。

【先進第十一】

中庸の意味を分り易く言い換えれば**「バランス」**である。

中国共産党の毛沢東は、農村を観察したときスズメが農作物を食い荒らしていることを知り、スズメを絶滅させることを命じた。農家の天敵がいなくなれば、生産量が増えると考えたのだ。

確かにスズメはいなくなった。しかし、スズメがエサにしていた害虫は天敵がいなくなったのをいいことに急激に繁殖し、農家は生産量を増やすどころではなくなってしまった。「中庸」の精神がなかったから失敗した代表的な事例である。

このような失敗は今も多くの人が多くの分野で犯している間違いである。何か仕事を推進しようとする時、全体のバランスを考慮せず局地的な目標だけを考えてしまうのだ。

病気を治療するために抗生剤を使い過ぎてしまい、抗体を持った新しいバクテリアが出現してしまったとか、売り上げを高めるために営業職に分不相応なインセンティブを設けた結果、社員が顧客を騙すことが頻発したとか、この手の失敗は数えきれない。

**多くの人に誤解されているが、「中庸」は抽象的な概念ではない。**

何かをするとき、全体とのバランスを考えること、それがずばり「中庸」であり、これを実践しなければいけない場面は、我々が考えるよりずっと多く日常生活の中に転がっているのだ。

超訳

# 崩壊するリーダーシップ

【季氏第十六】

天下に道があれば、文化※と軍事に関する命令が君主から出る。
天下に道がなければ、文化と軍事に関する命令が諸候から出る。
命令が諸候から出るようになれば、国は10代以内に滅びるのが普通だ。
天下に道があれば、庶民たちが国の政治について議論することはない。

※文化は「礼楽」の訳。礼儀と音楽という意味だったが、変化して文化という意味になる。

孔子の曰く、天下道あれば、則ち礼楽征伐、天子より出ず。天下道なければ、則ち礼楽征伐、諸侯より出ず。諸侯より出ずれば、蓋し十世にして失わざること希なし。(省略)天下道あれば、則ち政は大夫に在らず。天下道あれば、則ち庶人は議せず。

読者の中に、つぶれていく会社で働いていた人はいるだろうか？　次のリストをチェックして、あなたの会社が次のようであったら、一刻も早く転職して欲しい。

**【会社の倒産の兆候】**

・不穏な噂が飛び交い始める
・社員たちが会社の財務状況を心配し始める
・幹部はもちろん、新入社員たちまで会社の未来について話している
・部下が勝手に仕事を処理したり、上司の上司に付くなど、指揮系統が崩壊する

こんな会社では社員同士が「資金繰りが行き詰まっているらしい」といった不穏な噂をしたり、「上の指示に問題があるんじゃないか」とリーダーシップについて疑いを持ったりし始める。上司は組織を統制できなくなり、有能な部下が無能な上司の代わりに指示を出して勝手に仕事を処理するなど、指揮系統に混乱が生じる。孔子は国が滅びる兆候について語ったが、これは倒産する会社とかなり似ている。**失敗するリーダーシップには色々な種類があるが、行き着くところは同じ**だから、注意しなければならないのだ。

超訳

# 皆が好む人は、良い人ではない

【子路第十三】


子貢が孔子に尋ねた。

「皆がこぞって誉める人は、良い人ですか？」

孔子は答えた。

「いや、それでは不十分だ」

「では、皆に嫌われている人はどうですか？」

「それも良くない。善人からは好まれ、悪人から嫌われる人が一番だよ」


子貢問いて曰く、郷人皆なこれを好せば何如。子の曰く、未だ可ならざるなり。郷人皆なこれを悪まば何如。子の曰く、未だ可ならざるなり。郷人の善き者はこれを好し、其の善からざる者はこれを悪まんには如かざるなり。

皆がこぞって賞賛する人は正しい人ではなく、ただ世渡りが上手な人に過ぎない。不義を見ても放置しているから、悪人にも好かれるのである。そんな人が組織のリーダーになれば、組織全体が破滅への道をひた走ることになる。

2011年末、ギリシャの財政破綻をきっかけとして、世界の株式市場が暴落した。ギリシャ政府が破産すると、同国の国債を多く持っているフランスやドイツの銀行も破産する。銀行が破産すれば、そこにお金を預けた多くの人が危うくなる。金融危機のメカニズムだ。

では、なぜギリシャは国家破産の危機にまで至ったのだろうか。ギリシャは福祉国家である。例えば、学費は大学院まで無料である。そして、労働人口の20%が公務員だ。就職先を増やすために政府が公務員を増やしたからである。しかし、**国民の五人に一人が公務員というのは誰が見ても普通ではない。**公務員の給与や、福祉に必要な莫大な資金は結局税金から出ていくのだ。

ギリシャの政治家たちが皆を満足させるために気前よく税金を使った結果は、国家破綻だったのだ。

EUやIMFからギリシャへの支援プログラムは2018年まで続いた。**皆を満足させるものには、何か問題があるということを記憶すべきだろう。**

超訳

# 話し下手でも成功できる

【里仁第四】

君子は、話が雄弁でなくても、行動が敏捷でなければならない。

子の曰く、君子は言に訥にして、行に敏ならんと欲す。

陽貨欲見孔子孔子不見帰孔子豚孔子時其亡也而往拝之

学道則易使也子曰二三子偃之言是也前言戯之耳公山不

擾以費畔召子欲往子路不説曰末之也已何必公山氏之之

子曰夫召我者而豈徒哉如有用我者吾其爲東周乎子張問

仁於孔子孔子曰能行五者於天下爲仁矣請問之曰恭寛信

敏恵恭則不侮寛則得衆信則人任焉敏則有功恵則足以使

成功者が皆、弁舌巧みかというと、そんなことはない。人を成功させるのは、口ではなく行動力である。

ビル・ゲイツの半生が語られる時、必ず登場する日本人がいる。西和彦である。

西はパソコンの胎動期に、その技術に関心を持っていた数少ないギークの一人だった。当時の原始的なパソコンではプログラム言語としてＢＡＳＩＣが使われていた。当時のマイクロソフトは今のような大帝国ではなく、ＢＡＳＩＣを開発した有望なベンチャー企業の一つとして知られていた。

西は日本でパソコンを売るビジネスをするために、ＢＡＳＩＣを必要としていた。そこで彼は開発者に連絡をとるためにアメリカのニューメキシコにいきなり国際電話をかけた。西はゲイツと話すうちに彼が自分と同じビジョンを持っていることを知った。ゲイツに気に入られた西はアメリカへ飛び、マイクロソフトで一緒に働きもした。

そしてＢＡＳＩＣの日本版権を買った彼は「ＭＳＸ規格」というパソコン販売で大儲けした。その額たるや、一時はマイクロソフトの売り上げの半分が日本から出たほどだ。

彼は英語が堪能だったからゲイツと知り合い、ビジネスに成功したのではない。その理由は、**必要とあらば躊躇せずにアメリカの知らない人に下手な英語で電話をかけることができた行動力**だったのだ。

本文の言うとおり、「話が雄弁でなくても、行動が敏捷でなければならない」のだ。

超訳

# 倹約はリーダーの美徳

【述而第七】

孔子が言われた。

「贅沢な生活をしていると傲慢になる。反面、倹約し過ぎてもせせこましくなる。だが傲慢になるよりは、まだせせこましくなる方がマシだ」

子の曰く、奢れば則ち不孫、倹なれば則ち固なり。其の不孫ならんよりは寧ろ固なれ。

孔子は本文で、為政者たちが持つべき美徳として「倹約」の重要性を強調している。『論語』は支配階級のための本だからである。

デイビット・キムは米CBSの人気番組「Undercover Boss」にも出演した、著名な企業家である。彼は「バッハ・フレッシュ」という、つぶれる寸前のファストフードチェーンを買収して、**たったの1ヶ月で黒字に転換させた。**

その秘訣について、彼がした説明を要約してみよう。

「赤字になる会社はパターンがあります。経営者たちのモラルに問題があり、出張する時はファーストクラスを使い、5つ星ホテルに泊まります。私はバッハ・フレッシュを見て、そのような問題が全て目に見えました。会社を引き取り、そういった問題だけを正しく直すと、会社はすぐに黒字になりました」

質素倹約をしなければならないのは、収入が少ない人々だけだと思われがちだが、そうではない。倹約はリーダーこそ心得るべき美徳なのである。**倹約を知らない個人は、自分の財布を空にするだけだが、倹約を知らないリーダーは組織全体の財政を破綻させるからである。**

Ultra Translated Sunzi

# 8章

# 学ぶことで人生はより豊かになる

孔子は「仁」について説き、国家の理想的な秩序について説いた。だが、彼がそれ以上に重要視したのは好学、つまり「勉強を好み、いつも勉強すること」だった。孔子の信念は「学ぶことでより良い存在になることができる」ということだった。といっても学校の受験や昇進試験など、外部の基準を満足させるための勉強ではなく、本当に自分がしたいことを学ぶ勉強のことだ。

スティーブ・ジョブズがリード大を中退した後も、自分の興味がある講義は聴講していたのは有名な話だ。

勉強は成績のためでも、進学のためでもなく、自分のためにするのだ。

超訳

# 仕事をしながらでも勉強する

【子張第十九】

子夏が言った。

「仕事をしていて余力があれば勉強し、勉強しながらも余力があれば仕事をすべきだ」

子夏が曰く、仕えて優なれば則ち学ぶ、学びて優なれば則ち仕う。

筆者は小学生の頃、勉強するのは大学か、せいぜい大学院を卒業する時までで、その後は学校で学んだことを活かして働くだけで勉強はしなくても良いだろうと思っていた。**大人になって分かったのは、それが勘違いだったということだ。**会社で仕事をするにしても、並行して勉強もしないと必ず失敗するということを知るには、そんなに時間はかからなかった。

文豪・夏目漱石の孫で『マンガ世界戦略』の著者、夏目房之介によると、**日本の漫画やアニメといった文化コンテンツは海外でも人気があるが、作品のクオリティに営業力が追いつかず、結局国内での成功に満足してしまう場合が多い**という。

海外営業のためには、外国語は言うに及ばず、現地の流通網、マーケティング、法律、代理店との契約など、勉強すべきことがとても多いが、それらをちゃんと工夫しなければ、不利な契約を結ばされ捨て値で売り払うことになってしまうのだ。

「ポケットモンスター」など海外で大成功した日本の文化コンテンツを見ると、それらは海外に進出するにあたって綿密なマーケティング・広報戦略を立てて臨んでいる。

大きく成功しようと願うなら、その分勉強も必要なのだ。あなたがどんな仕事をしていても、孔子の言う通り、**仕事をしながらでも勉強し、勉強しながらも仕事をすれば、今までよりも良い結果を出すことができるはずだ。**

超訳

# 目的が望ましくても工夫なしではダメ【陽貨第十七】

仁を好んでも学問をおろそかにすれば、愚かになる。
知恵があったところで学問をおろそかにすれば、放蕩するようになる。
信義に厚かろうが学問をおろそかにすれば、かえって人を傷付ける。
勇気があっても学問をおろそかにすれば、乱暴になる。
強剛を誇って学問をおろそかにすれば、それはもう狂気の沙汰である。

仁を好みて学を好まざれば、其の蔽や愚。知を好みて学を好まざれば、其の蔽や蕩。信を好みて学を好まざれば、其の蔽や賊。直を好みて学を好まざれば、其の蔽や絞。勇を好みて学を好まざれば、其の蔽や乱。剛を好みて学を好まざれば、其の蔽や狂。

本文は長いが、要旨は**「いくら理想を掲げても、学ばなければ結果はついてこない」**ということだ。仁、知恵、信義、勇気などは人が備えるべき立派な美徳だが、それらですら、学び工夫をしていかなければ宝の持ち腐れになる、と言っているのだ。

こんな実話がある。とある富豪が10億円以上の財産を慈善事業に寄付しようとした。しかし、信頼する牧師が「私が良きに図らうから」と言うので結局、彼の教会に全額を寄付することとなった。ところが牧師は資金を慈善事業に使うどころか、全額横領してしまった——。富豪の慈善家精神は立派な「仁」だと言えるが、その理想を実現するにあたっての工夫や判断力が足りず、騙されてしまったのだ。

同じ慈善事業でも、うまく工夫をした事例がバングラデシュのグラミン銀行だ。同行は経済学者のムハマド・ユヌス博士が創設した銀行で、貧民に**「担保なし・低金利」**という好条件で融資する。

ユヌスは言う。**「一方的な寄付は、いつか資金がなくなってしまう」**。だから、無条件に寄付するより融資で貧民の再起を手伝い、グラミン銀行も金融機関として利益を得られる方法を使っているのだ。**「弱者の救済」という共通の理想を持っていたのにもかかわらず、前者は詐欺の犠牲者になり、後者は大成功した。**両者の違いは、自分が行なおうとする事業について、どれくらい学び、工夫したかの差であるのだ。

超訳

# 学問を学び、それを実践する

【学而第一】

孔子は言われた。

「※学問を学び、時にそれを実践するのは、楽しいことではないか」

※「学問を学び、時にそれを実践するのは」の原文は「学而時習」である。「学而時習」は「学問を学び、時にそれを復習する」など、多くの解釈があるが、こちらでは「実践する」「応用する」を選んだ。

子の曰く、学びて時に習う、亦た説ばしからずや。

陽貨欲見孔子孔子不見帰孔子豚孔子時其亡也而往拝之

子曰夫名我者而豈徒哉知有能者吾其為東周乎子張問

仁於孔子孔子曰能行五者於天下為仁矣請問之曰恭寛信

敏恵恭則不侮寛則得衆信則人任焉敏則有功恵則足以使

孔子も言うように、勉強したことを実際の社会で応用してみるのは、とても有意義だ。良い成功事例が、前頁に登場したムハマド・ユヌス博士だ。彼は、貧民の再起を少額の融資で手伝う「マイクロクレジット」を初めて成功させた人物である。

博士はある街で、竹で椅子を作りそれを売って生計を立てている女たちが、原料の竹代を高利貸しから借り、その暴利のせいで一生を奴隷のように過ごさなければならない現状を目の当たりにした。彼は街の42人の女たちが借りた総額、27ドル（約3800円）を彼女たちに貸し、高利貸しから借りた金を返済させた。ただあげたのではなく、貸したことに注目したい。彼は経済学者としての知見から、お金をただあげるだけでは、貧民の自立に役立たないことを知っていたのだ。

博士は**たった3800円が42人の人生を変えた**のを見て、貧民救済のための銀行創設を決意する。それがグラミン銀行の始まりだったのだ。

グラミン銀行は貧民に無条件にお金を貸すような、純真な方法は使わない。借りる人が本当に貧しいのかどうか徹底的に調査するし、5人組を作らせて助け合うようにして、同時に連帯責任を負わせるという、強制力も使っている。

ユヌス博士は一連の活動を評価され、ノーベル賞をもらった。**しかし、それはノーベル経済学賞ではなく、ノーベル平和賞だった。**

**ただ学問を学んだだけではなく、それを実践した良い例だと言えるだろう。**

超訳

# 一人で考え込んでもしょうがない

【衛霊第十五】

孔子が言われた。
「私は以前、何も口にせず、夜も寝ずに思索したことがあるが、無駄であった。やはり先人たちから学ぶのが一番だ」

子の曰く、われ嘗て終日食らわず、終夜寝ねず、以って思う。益なし。学ぶに如かざるなり。

大きな壁にぶち当たった時、一人で考え込んでも解決できない場合がある。そんな時、一番の方法は**外から知識を学び、そこから今の自分に活かせる要素を見つけること**だ。

１９８９年、アメリカのアラスカで史上最悪の原油流出事故が起こった。どれくらい酷いのかといえば、18年経った２００７年になっても油を全て取り除くことができなかったほどだ。いくら原油を汲み上げても、低い気温のせいで油と水がゼリーのように混じり、それを分離できなかったのだ。

２００７年、ＯＳＲＩ（原油流出回復協会）はイノセンティブというコンサルタント会社を通じて、問題の解決法をインターネットで募集してみた。するとたった2週間で科学者、技術者、学生、専業主婦等から、数千個のアイディアが集まった。その中にあった、セメント会社社員のジョン・デイビスという人物が提案した方法によって、長年の懸案事項が解決されることになる。

そのアイディアとは**「セメント車がセメントが固まらないよう、ずっと容器を回転させているのと同じく原油もかき回せば良いのではないか」**というものだった。ＯＳＲＩはすぐに原油除去船に電動機械を設置し、それで原油をかき混ぜることで問題を解決することができた。

こうして、**自分の頭だけではいくら考えても解決できなかった難題が、既存の知識を参考にすることで一瞬で解決した**のだ。

超訳

# 物質的な富より教育が重要

【子路第十三】

孔子が衛国に行った時、弟子の冉有《※ぜんゆう》が御者として同行していた。孔子は衛の首都をみて、「ここは人口が多いなぁ」と言われた。冉有が尋ねた。「多いと、何が必要ですか?」孔子が答えた。「彼らを裕福にすることが必要だ」さらに冉有が尋ねた。「裕福になった後には?」孔子は答えた。「教育が必要なのだ」

※孔子の弟子。優秀であったがのちに政治の道に染まり、孔子から破門される。

子、衛に適く。冉有僕たり。子の曰く、庶きかな。冉有曰く、既に庶し。又た何をか加えん。曰く、これを富ません。曰く、既に富めり。又た何をか加えん。曰く、これを教えん。

衛は当時の強大国だった。だから孔子と冉有が訪れた衛国の首都は、現代のニューヨークとか、東京に例えることができる。孔子はその繁栄している都市をみて、**物質的な富だけでは不足だから、教育をしなければならない**と主張しているのだ。

人々が学ぶことを止めない社会は、試練に遭ってもそれを克服するが、学ばない社会はちょっとしたことで没落してしまうのだ。

北欧のフィンランドはヨーロッパの北端に位置する、とても寒い国である。農業が難しいほどの気候で人口も少なく、資源も足りない不利な条件だらけの国だが、世界で最も裕福な先進国である。同国は社会に腐敗がないことでも名高い。どれくらいかと言えば、ある人がなくした自転車を探してくれた警察官に2ユーロ（約320円）をあげたが、それを受け取った警察官が規則違反でその250倍の罰金を払うことになったほどだ。

このような立派な社会になった秘訣は、自分たちの条件がよくないことを認識し、昔から**教育分野に多く投資をしてきた**からである。といっても、テストのために暗記をさせるなどの無意味な教育ではなく、社会に貢献できる人材を育てるために、本当に必要な教育をしているのだ。

つまり、社会が発達するためには人口も経済的な条件も重要だが、**何より大切なのは教育**だということだ。不利な条件を教育で克服したフィンランドの事例は、成功のために何が必要なのか多くの示唆を与えてくれる。

超訳

# 知ることと知らないこと

【為政第二】

自分が知っていることを「知っている」、知らないことは「知らない」と、きちんと区別できるのが、本当の意味での「知る」ということなのだ。

子の曰く、由よ、女にこれを知ることを誨えんか。これを知るをこれを知ると為し、知らざるを知らずと為せ。是れ知るなり。

パソコンでファイルを探すために検索をかけると、長い時間をかけてハードディスクの中のファイルを全部チェックしたあと、そのファイルがなければ「お探しのファイルはありませんでした」とメッセージが出る。この作業に数分がかかることもある。自分がデータを持っていないということを知るためだけに、これほど多くの時間を要するのだ。

だが、人間は自分の頭にないことはすぐに「知らない」と判断することができる。これを**「メタ認知」**という。これは**「知っていることを知っている」「知らないことを知る」能力**なのだ。

著名な投資家ウォーレン・バフェットは、「知らない分野には投資しない」という原則を生涯守っている。彼はこの原則に従って、1999年のITバブルの時「IT企業がどうやって利益をあげているのか理解できない」と考え、関連企業に一切投資をしなかった。当時はほとんどのIT関連株が急騰していたから、人々はこぞって「バフェットは馬鹿だ」と嘲笑した。

後にバブルが去ってIT関連株が急落したとき**「株価が上がっているメカニズムはよく分からないが、勝ち馬には乗るに限る」**といった人々は没落していった反面、バフェットは健在だった。

知らないことを知っていると錯覚するのは、このような間違いに繋がってしまうのだ。

超訳

# 学問は自分のために

【憲問第十四】

孔子は言われた。

「昔※の学者は自分のために学問をしたが、今日の学者は他人に認めてもらうために学ぶ」

※ギリシャの哲学者ソクラテスも、「今の若者たちは礼儀がない」と言ったことがある。「昔は～だったのに、今の若者たちは問題がある」のように言っている点で似ている。

子の曰く、古えの学者は己れの為めにし、今の学者は人の為めにす。

孔子は、**学問は自分のためにすること**で「他人に認められるために」勉強するのは好ましくないと言っている。それは今日も同じである。

テレビなどで度々「タバコが妊産婦に悪影響を与えることが判明した」「タバコが○○のリスクを高めることを××大学のチームが証明した」といったニュースを目にする。

ソーシャルメディアサイトの「change.org」は、NIH（アメリカ国立衛生研究所）が**1650万ドル**（約23億円）をタバコの有害性を証明するために投資したと主張した。このように、すでに誰もが知っていることを証明するために、多くの人材と資金を投入する研究所はNIH以外にもたくさんある。

お金もお金だが、その実験は妊娠した実験動物などを犠牲にする、非人道的な実験である。そして、そこから得られる結論は**「タバコは○○に悪い」**などといった**「言われなくても分かってるよ」**と返したくなるようなものだ。

果たして**「タバコは本当に体に有害なのか」**が知りたくて研究している人はいるのだろうか？　科学者の中には、経歴を彩るために論文を書いている者もいるだろう。

これが**「自分のためではなく、他人に認められるために学問する」**典型的な例である。

私たちも受験や就職活動など、他人に認められるために学問をすることは多い。それらはやむを得ないことだが、できるなら勉強は他人に認められるためにするより、自分のためにするべきなのだ。

Ultra Translated Sunzi

# 9章 学んだことを活かすための勉強法とは

『論語』を読むと、孔子が勉強をいかに重要視していたかが分かる。中には勉強法のヒントも発見できるから面白い。

四字熟語にもなっている「温故知新」もその一つだ。「昔のことを学んだうえで、新たなことを知る」ということの教えは一見すると陳腐だが、実は複雑な事柄を簡単に理解するために必要な、とても実用的な学習法だ。

簡単な事例として、テレビを買い換える時、それに使われているテクノロジーの発達を知らなければ、「LCDにLED？　どっちを買えばいいいんだ？」と悩んでしまう。

さあ、続けて本章を読んでみよう。

超訳

# 学ぶこと、考えること

【為政第二】

学ぶだけではなく、自分の頭で考えなければ真理は悟れないし、自分の頭でだけ考えて、学ぶことを忘れるとそれも危険である。

子の曰く、学んで思わざれば則ち罔し、思うて学ばざれば則ち殆うし。

**既存の知識を学ぶことと、自分で考えること、**どちらがより重要かは断言できない。二つを兼ね備えなければいけないのだ。

漫画大国である日本には、漫画家志望の人もたくさんいる。デビューしてプロ漫画家として成功する極少数の人を除くと、彼らはおおよそ二つの種類に大別できるという。

第一は、絵や演出など漫画の基本は熱心に学ぶが、独創性が足りない人々。彼らの漫画は絵や演出は一定のレベルに達しているが、いくら頑張ってもどこかで見たような作品を描くだけだ。

第二の部類は、自分の頭で考えるだけで、絵や演出の基本を学ばず、我流で作品を描く人々。彼らはアイディアが優秀でも、作画や演出が市場流通に耐えないため、商品としての作品を作ることができない。個性はあっても、基本ができていないからデビューできないのだ。

このような話は、他の分野にも適用できる話である。**人は、自分の性格によって右の二つのうち、どちらか一つの部類になってしまうのが普通**だから、自分にどちらが足りないのか、点検してみる必要があるのだ。

超訳

# 温故知新

【為政第二】

古いことを知り、新しいことを学ぶと、人を指導する人になれる。

子の曰く、故きを温めて新しきを知る、もって師と為るべし。

「温故知新」は、**「過去の知識をもとに最新の知識を学べば、より完全な知識になる」**ということを言っている。退屈な教えに見えるかもしれないが、これは何か複雑なものを理解したい時、とても便利な方法だ。

例えばあなたは、なぜ暦の2月だけが28日までしかないか、疑問に感じたことはないだろうか？　また他の月はひと月ごとに30日なのに、なぜ7月、8月は31日なのか、不思議に思ったことはないだろうか？

この法則の覚え方は、「西向く侍」の語呂合わせや、手の甲を使ったものがある。しかし、もっと簡単に理解する方法は**「どうしてこうなったのか過去に起こったことを調べる」**ことである。

7月はJuly、つまりローマのジュリアス・シーザーの月である。彼は自分の月を31日にしようと2月から1日奪った。その後、8月はAugust、つまりオーギュスト皇帝の月となり、彼はシーザーへの対抗意識からか自分の月も31日にするために、2月からさらに1日を奪った。こう理解することで7月と8月が31日である理由、そして2月が28日しかない理由も理解することができる。

規則もなく、論理も合わず、複雑怪奇な事柄を学ぶためには、このような温故知新の方法が有効である。税法や複雑なソフトを勉強する時もそうだ。**どのような理由で変化して今の形になったのか理解すれば、**複雑なものも、もっと簡単に理解することができるのだ。

超訳

# 真理を悟るということ

朝に道を聞くことができたら、夕べに死んでも良い。

子の曰く、朝に道を聞きては、夕べに死すとも可なり。

【里仁第四】

「道を聞く」とは**「真理を悟る」**ことを意味している。

どのような勉強をしていても、「この知識のエッセンスを知りたい」という姿勢は役に立つ。ある本で、金利の概念を明快に説明した文章を見たことがある。

**「金利とは、お金の価格だ」**というものだ。一見すると「お金に価格があるのはおかしい」と思うかもしれないが、少し考えてみると言い得て妙である。例えば、あなたが銀行からお金を借りるとして、それが無料でできるはずがない。そのお金の価格を支払わなければならない。

金利が3%なら、100万円を借りると、1年間で3万円の金利を支払うことになる。つまり3万円は、100万円という**お金の価格**に他ならない。

金利が高くなるということは、お金の価格が高くなるということである。物の価格と同じく、お金が高くなるとお金を買う人が減り、市場でお金の流通が滞ることになる。反面、お金が安くなると、市場にお金がたくさん流通することになる。だから不景気の時には政府が金利を安くしようとするのだ。

ここでは「金利」という概念についてのエッセンスを紹介してみたが、**何を学ぶにしろ、そのような「明快な解答」を絶えず探る姿勢は役に立つはずだ。**

超訳

# 最高の学習は「体得」

【泰伯第八】【子張第十九】

孔子は言われた。

「学びが足りないことを心配するのではなく、学んだことを忘れることを恐れよ」

子夏は言った。

「月日と共に新しい知識を吸収し、同時に学んだことを忘れなければ、学問を愛していると言えるだろう」

子の曰く、学は及ばざるが如くするも、猶おこれを失わんことを恐る。

子夏が曰く、日々に其の亡き所を知り、月々に其の能くする所を忘るること無し。学を好むと謂うべきのみ。

このくだりでは**「忘れないこと」**を強調している。これはなにも、暗記をすることの重要性を指しているのではなく、学んだことを「完璧に自分のものにする」ことを勧めているのである。

かのパブロ・ピカソは**「良い芸術家は借りるが、偉大な芸術家は盗む」**と言ったという。盗む、といっても、これは他人のアイディアを流用するということではない。どんな芸術家も、多かれ少なかれ他人の作品に影響を受けてしまうが、偉大な芸術家はそれを完璧に体得し、自分のものにしてしまうということだ。

「自分のものにする」ということは、見た目だけではなく、その裏にある意図、思想までをも完璧に理解し、自由自在に自分の作品に投影できるということだ。例えばクロード・モネなどヨーロッパの画家は日本の浮世絵に影響を受けたことで有名だが、それはその筆致を模倣したのではなく、様式の精神を完璧に自分たちのものにし、画風を発達させたのである。

「体得」という言葉が、このような学び方をよく表している。**「体得」**は、学んだことを頭で記憶するのではなく**「体でもって得る」**。だから本文の孔子の言葉は「『新しい知識』を学ぶよりも、今までに学んだことを『体得』することの方が大切だ」と言い換えることができる。

超訳

# 多くのことより一つをマスターする

【衛霊公第十五】

孔子が子貢に訊いた。

「君は、私が多くを学び、たくさんの知識を持った人だと思うか?」

子貢は答えた。

「そう考えています。違うのですか?」

「違う。私はただ一つのことを貫いてきただけだ」

子の曰く、賜や、女予れをもって多く学びてこれを識る者と為すか。対えて曰く、然り、非なるか。曰く、非なり。予れは一もってこれを貫く。

ジョン・フォン・ノイマンとアルベルト・アインシュタインは、二人とも同じ時代を生きた偉大な科学者だ。一般的にはアインシュタインの方が有名だが、彼らを知る同時代の科学者の多くはフォン・ノイマンの方がアインシュタインよりも賢く見えると評価した。それほど彼の頭脳は鋭く、非常に広範な知識を瞬時に処理できると評されていた。彼の記憶力と計算能力はアインシュタインが普通の人のように見えるほど驚異的だった。

実際、フォン・ノイマンは非常に広範囲にわたる分野での貢献をした。数学、物理学、計算機科学、経済学、ゲーム理論など、多岐にわたる分野で業績が残っている。

一方で、アインシュタインは、既存の常識や理論を根本から覆すような「洞察力」に優れていた。**彼は単に多くの知識を持っているというよりも、物事の根本的な原理や法則を深く理解していた。**そして、それに基づいて宇宙の法則を発見することに至った。

アインシュタインは一つの問題に取り組むと、それを数年にわたって考えた。一方、ノイマンは一つの課題に取り組んだ後、すぐに別のテーマに移るスタイルだった。その結果、フォン・ノイマンはアインシュタイン以上の知能を持ったと評価されることに比べ、その業績は不足な感じがして、その不安を生涯感じていたと言われている。

これは、**広範な能力を持つことよりも、一つのことに集中して深い洞察力を発揮することの重要性**を示す事例である。

超訳

# 質問の力

【公冶長第五】

子貢が孔子に尋ねた。

「どうして、あの※孔文子《こうぶんし》が『文』と呼ばれるようになったのですか?」

孔子が答えた。

「とても利口で学問を好み、下の人に質問することを恥と思わない人だったから『文』と呼ばれるようになったのだ」

※孔文子は、「衛の賢者」と呼ばれた、衛の政治家である。衛は春秋戦国時代の国の中で最も人口の多い、強大国だった。

子貢問うて曰く、孔文子、何をもってかこれを文と謂うや。子の曰く、敏にして学を好み、下問を恥じず、是をもってこれを文と謂うなり。

孔文子の本名は孔圉《ぎょ》という。彼は人徳に問題がある貴族として知られていたが、死後に**「文」**という名誉ある諡を与えられた。子貢は「彼のように問題のある人が、なぜそんな名誉な諡を？」と質問しているのだ。孔子はそれに対して「彼の学問を好み、下の人に質問することを恥ずかしいと思わない姿勢が、他の短所を全て帳消しにするほど素晴らしい長所だった」と答えているのだ。

さて、質問とは、対象に対する関心から出てくるものである。逆に言えば、関心がなければ質問は生まれない。つまり職場でも上司、部下問わずよく質問をしている人がいれば、それは仕事を愛していて、真面目に働いている人だと言える。

純粋な疑問は、ビジネスのアイディアを得ることにも役立つ。例えば、**「スケート場に行かなくても、スケートで遊ぶことはできないか？」**という疑問は、ローラースケートの発明に繋がった。そして、**「高級時計は、全部が全部高価でなければいけないのか？」**という疑問もSwatchの創業に繋がった。このように、大きな成功を収めたビジネスも、その始まりはシンプルな疑問だったことが分かる。

常に疑問を持つ姿勢は、問い続けるうちに物事の最も核心的な部分に私たちを導いてくれる。疑問を持たず、ただただ命令に従うだけの人間は、毎日後退するばかりである。

**成功のためには常に純粋な疑問を持ち、質問を恥としない姿勢を身に付けなければいけないのだ。**

超訳

# 知る人、好む人、楽しむ人

知る人は、好む人に及ばない。
好む人も、楽しむ人には及ばない。

子の曰く、これを知る者はこれを好む者に如かず。これを好む者はこれを楽しむ者に如かず。

【雍也第六】

日本語は、アメリカの国務省から**「超高難易度言語」**に分類されている。にもかかわらず、日本語が上手な外国人は意外に多い。上手ではなくても、簡単な日本語を理解する外国人をよく見かける。これは奇妙なことだ。なぜなら日本列島の外では、日本語は特に実用的な言語とは言えないからだ。

異文化間のコミュニケーションは英語で事足りるから、ビジネスのために日本語が必須とも言えない。ではどうして、日本語を知っている外国人が多いのだろうか。

**これは、日本の漫画やアニメが外国で人気があるからだ。**つまり、日本の文化に興味を持った外国人が、自然に日本語にも興味を持ち、勉強し始めるのだ。

アメリカのある工科大学で、学生たちが使うパスワードの類型を調査してみたところ、**「日本のアニメのキャラクターの名前」が10位以内に入ったという。**漫画、アニメなどの日本のコンテンツが高学歴層に人気があるから、そんな人たちが——超高難易度にもかかわらず——日本語を学び、日本語を理解することができるようになるのだ。

言語に限らず、どんな分野でも同じだ。勉強より、楽しむのが先行すれば、知識は自然に得られるのだ。

**あなたに今、成し遂げようとしている何かがあるのだとすれば、それに対してどのような姿勢で臨むべきなのか、この項で明らかになったはずだ。**

超訳

# 異端は有害だ

【為政第二】

異端※の知識に手を出すのは、害になるだけだ。

※正統な教え以外の教えのこと。

子の曰く、異端を攻むるは、斯れ害のみ。

スティーブ・ジョブズが、癌を克服できずにこの世を去った理由の一つは、彼が「食事療法ですい臓がんを治療した、最初の人間になってみせる」という考えに固執し、手術を拒んだからだという。のちに彼はその決定を、とても後悔したという。

このように、いくら利口な人も非合理的な考えに囚われることがある。会社で例えれば、仕事が円滑に進まないのを見た経営者がその理由を合理的に分析せず「社員のやる気の問題だ」と勝手に判断して、頑張っている社員を呼び出して「精神教育」などをすることである。

こうして没落した会社としてTAITOがある。同社は「スペースインベーダー」をヒットさせた世界的に有名なゲーム制作会社だったが、ソフトウェアを作っている会社なのにもかかわらず、経営者たちがソフトウェアに無知だった。結果、意思決定者たちが開発者たちの仕事を理解できず、非合理な決定――軍隊式の「精神教育」もその一つだった――を繰り返した結果倒産寸前になり、**会社が売られる時には総資産は410億円から2億円に、社員の数は2500人から10人に縮減されていた**という。

本文で孔子が言った「異端の知識」は、儒学以外の教えのことを指しているが、現代の私たちはそれを「非合理的な考え」と解釈すれば良いだろう。今は理性的、かつ科学的な考えが発達している時代であり、何をするにしても理性と合理的な姿勢が不可欠だからだ。

超訳

# 教養を学ぶ姿勢

【子路第十三】

孔子は言われた。
「『詩経』※の詩300篇を暗記していたところで、政治が満足にできず、外交官として外国に遣わされても口上も述べられない。これでは、いくら詩の教養があっても役に立たない」

※中国最古の詩集。「周詩」とも呼ばれる。中国各地の民謡を集めた「風」、高貴な行事で詠われた「雅」、朝廷の祭祀で用いられた「頌」の三つに大別される。士分にあるものにとっては必須の教養。

子の曰く、詩三百を誦し、これに授くるに政をもってして達せず、四方に使いして専り対うること能わざれば、多しと雖ども亦た奚をもって為さん。

孔子は「詩経」を「人間の感受性を磨き、豊かな人生の知恵を学ぶ本」だと高く評価し、政治を志す者の必読の書として勧めていた。今日の私たちは「詩と政治に何の関係がある？」と思うが、当時は純粋な文学というものがほぼ存在しなかった時代だ。孔子はリーダーたちの教養のために、「詩経」を勧めていたのだ。

今日の私たちも、自分の仕事と直接関係がないことを「教養」として学ばなければいけないことがある。

その良い事例として数学がある。ほとんどの人は大人になった後は数学を必要としない。社会人になってから複雑な図形の面積を計算するとか、等差数列の和などを計算する機会はまったくない。にもかかわらず教養として学ばなければならないのだ。

そのため、多くの人はただテストのために勉強している。そういう人は問題のパターンを丸暗記することで正解を得ようとし、思考力を育てて実際の生活に役立てようとする努力が不足している。本文に沿って表現すれば「**数学テストで満点を得たとしても、論理的な思考力を育てられず、社会に出てから活かせないのなら、数学を勉強したことが何の役に立つだろうか**」だ。

孔子が本文で主張したのは、教養を身に付ける時の正しい姿勢である。**自分の仕事と直接関係がないように思える経験も、そこから何かを学び、本業に役立てようとする姿勢が大事だということだ。**

Ultra Translated Sunzi

# 10章 後悔のない人生を送るために

『論語』は成功学の本でもある。

今まで「利己心を捨てるべき」「仁の精神を実践すべき」といった話をしてきたが、それはあくまで「成功」のためである。『論語』は、もともと国家組織を成功させるためにリーダーたちが知るべき統治哲学を語っている本だからだ。

儒教は宗教として扱われることもがあるが、他宗教が「天国に行くために善行を積まねばならない」などと教えるのと違い、儒教で仁を実践しなければならない理由は、人と協力し、組織として成功するためだ。

最後に、本章で成功のために必要なことを学ぼう。

超訳

# 毎日反省する

【学而第一】

曾子は言った。
「私は毎日3回は反省する。
人に頼られた時、良い助言をしてあげられただろうか？
友人に対して不誠実な態度をとらなかっただろうか？
自分でもよく分かっていないことを、人に伝えてしまっていないだろうか？」

曾子の曰く、われ日に三たび吾が身を省みる。人の為めに謀りて忠ならざるか、朋友と交わりて信ならざるか、習わざるを伝うるか。

自分の過去の言動を反省することは、より良い自分になるためにとても役に立つ。ただ、それはあくまで**「反省」でなければならず「後悔」になってはいけない**。反省と後悔の差は何だろう。後悔とは、過去に執着することだ。反省は、過去の過ちを素直に受け入れ、それを改善しようとすることである。

フランスの料理は世界的に名声を得ているが、今日のフランス料理が日本料理から多くの長所を借用したものであることを、あなたは知っているだろうか？

フランス料理は、王侯貴族たちの贅沢な舌を満足させるために発達してきた。複雑なレシピとソースなどを使って豊かな味を追求してきたのだ。だが、20世紀になってからポール・ボキューズなどのフランスのシェフは、日本料理に接してショックを受けた。**材料をそのまま活かし、調理は最小限にするミニマリズムが追求された料理**は、彼らの目に新鮮に映ったのだ。彼らはそれまでのフランス料理がバターだらけで食材の味を生かしきれていなかったことを反省するようになった。

そこでピエール・ガニェール、ジョエル・ロブションといったシェフは、日本料理の長所を活かし、素材の風味を活かす方向にフランス料理の路線を修正したのだ。

つまり、今日のフランス料理の名声は、このように**適切な反省と改善の結果**である。適切な反省を重ねることで、私たちは昨日よりマシな自分になることができるのだ。

超訳

# 核心的なことと副次的なこと

【衛霊公第十五】

大勢で一日中話し合っているのに、話が道義のことに及ばず、些末な知識をひけらかしている。困ったものだ。

子の曰く、群居して終日、言、義に及ばず、好んで小慧を行なう。難いかな。

**会社で会議をしている時、長い時間をかけても堂々巡りで、いつまで経っても結論が得られないことがある。**それは問題の核心ではなく、副次的な問題について議論しているからである。次の事例は、副次的な問題ではなく、根本的な問題を糾明した模範となるだろう。

アメリカのワシントンにトーマス・ジェファーソン博物館がある。この博物館が抱えている問題は、外壁のペンキが剥がれやすく、そのメンテナンス費用がかさむことだった。そこで原因を調べると、他の建物よりも鳩が多く集まるせいで、その糞が壁にかかり、しばしば洗剤で掃除をしたからだということが分かった。

そこで、なぜ鳩が多く集まるのか調査すると、鳩の餌である蜘蛛が多いことが原因だと分かった。蜘蛛を除去してみたものの、また多く集まってきた。今度はその理由を調べると、蜘蛛が餌とする蛾が多いことが分かった。なぜ蛾が多いのか調べると、他の建物より2時間早くライトをつけることが原因だと分かった。結局、この問題は、他の建物より**1時間遅くライトをつける**ことで、ようやく解決された。

このように、どんな難題も「問題の根本的な原因はなにか？」という姿勢で糾明し続けることで、いつかは解明することができる。**会議の人数の多寡ではなく、その姿勢が大切なのである。**

超訳

# 未来を考えること

【衛霊公第十五】

遠くまで見通して対策を講じておかないと、近くで足をすくわれることになる。

子の曰く、人にして遠き慮り無ければ、必らず近き憂い有り。

実りある人生を生きるために重要なのが、遠くまで見通し、未来に備える姿勢である。最も危険なのは、**今の状態がずっと続くだろうと思い込むことだ。**

１９９０年代に海外で人気があった投資サービスに「円キャリー取引」がある。これは海外の投資家や個人が借金をする時、本国で借りず円で借りるというものだ。日本の金利が他国より低いことを利用して、円をたくさん借りて中国や韓国に投資するこの方法は、当時は利口だと思われていた。

だが、２００８年に金融危機が発生した後は円高が進み、円で多額の借金をしていた人々は大打撃を受けた。借りた額以上の返済すべき元金が増えたのはもちろんのこと、元金が増えたことで、さらに担保を要求されたり利子も高くなったりしたのだ（円換算で担保の価値が低下したため）。

バブル景気も同じだった。日本の地価は１９５６年から１９８６年までの間で50倍以上にはね上がった。当時は**「地価は絶対に下がらない」**というのは常識だったので、たくさん借金をして不動産に投資する人が多かった。結果は見ての通りだ。万が一に備えず大金を借りて無謀な不動産投資をしていた人は皆、破滅してしまった。

以上の事例から分かるように**「今は大丈夫」**だと思っている状況が、いつ一変するか、誰も予想できない。だからこそ遠くまで見通して未来に備える姿勢が大事なのだ。**「あの時はこうするしかなかった」という弁明は何の役にも立たないのだから。**

超訳

# 考え過ぎは良くない

【公治長第五】

季《き》文《ぶん》子《し》は行動する前に3度考えた後、実行に移した。
孔子はそれを聞いて「2度考えれば充分だよ」と言われた。

季文子、三たび思いて而る後に行なう。子、これを聞きて曰く、再びせば斯れ可なり。

季文子は春秋時代の魯国にいた精錬な政治家だ。彼は行動する前に3度考えるほど慎重であった、という話を聞いた孔子は、それを褒めず**「あまりにも考え過ぎるのは良くない」**と警告したのである。

孔子も慎重な振る舞いを好む人だったが、考え過ぎるのは害になると言っているのだ。なぜだろう。それは、いくら綿密に計画したところで、実行の段となると予想と全然違う方向に物事が進むことが多いからだ。これは多くの分野で立証されている。

第2次世界大戦時、連合国がドイツに対して行なった「ノルマンディー上陸作戦」は、2年がかりで綿密に計画された作戦である。だが、いざ戦いが始まると、**じっくり練った計画は全て無駄になった。**予想と全く違う方向に戦況が展開していったからである。

結局役に立ったのは、変化する戦況に対する臨機応変な対応力だけだったのだ。

では、彼らはどうすれば良かったのだろうか。

複雑な戦況の変化を全て予想するのは不可能だ。従って、『孫子の兵法』が言うところの「味方の『実』で相手の『虚』を撃つ」「味方を集中させ、敵は分散させる」「戦いの本質はトリックだ」といった**シンプルな原則だけを頭に叩き込み、絶えず変化する状況に即して対応する方法が良かった**だろう。これは現代の軍事分野でも使われている方法である。

以上は軍事分野の事例だったが、人生も同じだ。**「狂っていく計画」「絶えず変化する状況」などは何をするにも付いて回る問題だからだ。**

超訳

# 正しいことは実践すべき

【公治長第五】

## 正義と知りつつ行動できないのは、勇気が足りないのである。

子の曰く、其の鬼に非ずしてこれを祭るは、諂いなり。義を見て為ざるは、勇なきなり。

陽貨欲見孔子孔子不見歸孔子豚孔子時其亡也而往拜之

宰道則易使也子曰二三子偃之言是也筋言戯之耳公山不

擾以費畔召子欲往子路不説曰末之也已何必公山氏之之

子曰夫召我者而豈徒哉如有用我者吾其爲東周乎子張問

仁於孔子孔子曰能行五者於天下爲仁矣請問之曰恭寛信

敏惠恭則不侮寛則得衆信則人任焉敏則有功惠則足以使

今日のアメリカは黒人の大統領が選出されるまでになったが、1950年代までは人種差別が当然とされる社会だった。例えば**「バスで座って良いのは白人だけ」**といったルールがあった。1955年、黒人女性のローザ・パークスはバスの座席に座っていた。運転手が「白人に席を譲りなさい」と言うと、彼女は**「嫌です」**と答えた。パークスは現場で警察に連行されてしまった。

すると、それまで白人に席を譲ることに耐えていた黒人たちの闘争が始まり、アメリカ人が人種差別問題を再考する、大きなきっかけとなった。

今日の私たちは「白人だけが座れるバス」などとんでもないと思うが、その**当然の権利を得るためには多くの勇気と闘争が必要だったのだ。**この事例から分かるように**「当然なこと」も、それを実践しなければ「当然なこと」にはならないのだ。**

会社でも、よく調べてみると色々と不合理なことが「今までこうしてきたから」という理由で、改善されていないことが多い。そんな問題を見ても指摘できないのは、勇気が足りないのだ。

試しに**「これは、問題ではないでしょうか」**と言ってみよう。すると、当初こそあなたは『裸の王様』で王様が裸だと指摘した子供のように、周りの人を当惑させるかもしれないが、問題は確実に解決されるはずだ。**勇気が出ない時は、ローザ・パークスの「嫌です」という一言を思い出して欲しい。**

超訳

# 人間は変わらない

【陽貨第十七】

**賢い人と愚かな人は変わらない。**

子の曰く、唯だ上知と下愚とは移らず。

エリス・シェインという、フランスの作家がいる。彼女は大人になってから**自分が養子**だということを知って、生みの親を捜し始めた。その過程で、彼女は**自分が双子で、幼い頃に生き別れた姉妹がいる**というショッキングな事実を知った。

35年ぶりに会った彼女の双子はニューヨークにいるポーラ・バーンスタインだった。彼女らはＤＮＡ鑑定の結果だけではなく、**作家として活動しながら映画製作に関心を持っていること、好きな食べ物、趣向、うつ病で苦労したこと**など、多くの特徴が一致していた。植物の種を見ると、皆見た目は同じだが、その中には種がどんな植物になるのかについての情報が全て書き込まれた設計図がある。**人間の本性も同じだ。**賢い人が変わらないように見えるのは、その一貫性のせいであって、愚かな人が変わらないのは、愚かな失敗を繰り返しているからである。

では、本性を変えずに成功するためには、どうすれば良いのだろうか。それは、**自分の本性を人生の役に立つ方向に誘導する戦略を立てるのだ。**『ハリー・ポッター』シリーズの著者Ｊ・Ｋ・ローリングは子供の頃、現実感覚がなく、いつでも空想ばかりしていた。大人になってもその性質は変わらず、仕事をせずに空想ばかりしていたから職場をクビになってしまったこともある。

幸い、彼女は自分の本性を利用して、ファンタジー小説を書いて成功することができた。こうして彼女は**「賢い人は変わらない」**の事例の一人になることができたのだ。

超訳

# 苦労は進んで受け入れろ

【子罕第九】


呉の宰相（君主を補佐する最高位の官吏）が子貢に尋ねた。

「孔子先生は本当に聖人なのですか？　それにしては多能な方ですが」

子貢が答えた。

「もちろん先生は天が遣わした聖人であると同時に、多能な方です」

それを聞いた孔子はこう言われた。

「宰相は私が聖人でないことを知っているんだ。私は若い頃苦労したから、生活のために色々な仕事ができるようになったのだ」


太宰、子貢に問いて曰く、夫子は聖者か。何ぞ其れ多能なる。子貢が曰く、固より天これを縦して将に聖ならん。又た多能なり。子これを聞きて曰く、太宰、我れを知れるか。われ少くして賤し。故に鄙事に多能なり。君子、多ならんや。多ならざるなり。

階級社会においては、高貴な身分の人が多能なことを良しとしない風潮がある。例えば、貴族が壊れた家具を巧みに修理する能力を持っていたとしても、それは自慢すべきものではないということだ。

昔の中国もそうだった。呉の宰相の質問は、若干の軽蔑を含んだ質問なのだ。それについて孔子は**「若い頃に苦労したから多能だ」**と言ったのだ。

今でも愛される孔子の知恵は、若い頃に色々な苦労をした経験があったからこそ、得られたものなのかもしれない。

現代社会でも、若い頃に色々な職業を経て経験を積んだ人が、経営者として成功することは多い。

ベネトンは世界に3600店舗を展開、毎年1億枚以上の衣類を売る有名なブランドである。その創業者ルチアーノ・ベネトンは、13歳で父を亡くし、3人の幼い弟の生計を立てるために、洋服店に店員として就職した。

彼は店員として技術を学びながら、服飾デザインについて研究を重ねた。既存の陳腐なデザインから脱皮する、新しいデザインとカラーは何だろうかと追究したのだ。

のちに彼は、洋服店で働いていた経歴を活かし、自宅でセーターを作って小さな店を始めた。それが世界的なブランド、ベネトンのはじまりだったのだ。

**人生の困難に不満を言わず、それを多能になる機会として活用する姿勢が大切なのだ。**

超訳

# 才能を腐らせてはいけない

【子罕第九】


子貢が孔子に訊いた。

「もしここに美しい宝玉があるとして、箱に入れて隠すべきですか？

それとも目利きの商人に高い値で売るべきですか？」

孔子は答えた。

「売るべきだ。売るのが良い。私は目利きの商人を待つ者だよ」


子貢が曰く、斯に美玉あり。匵に韞めて諸れを蔵せんか、善賈を求めて諸れを沽らんか。子の曰く、これを沽らんかな、これを沽らんかな。我れは賈を待つ者なり。

この師弟の対話に出てくる「玉」は「人の才能」を表している。だからこの話は**「才能のある人は、それを隠さず、社会で発揮するべきだ」**という意味なのだ。

有限会社ミウラテックという会社がある。風力発電機に必要な機械などを作る会社で、有名企業や日本政府から依頼を受ける会社である。驚くべきことに、同社は「一人会社」で、代表の三浦徹郎は定年退職した後、61歳で無資本で起業した。

設計、開発、製作の全てを請け負う製造会社を一人でやるのは若い人にも難しいはずだが、**この会社はどんな依頼が入っても1週間以内に製造することができる**という。というのも、彼は大手企業の技術者として働いていた経験を活かして、自分が機械の設計をした後は、契約している三鷹市の工場に下請けさせて生産しているのだ。

彼は創業3年目の2008年、台湾新幹線の摩耗を走行中に検出する音響計測機用の風防スクリーンの納入、そして2009年には日本政府のNEDO（新エネルギー・産業技術総合開発機構）が公募した低周波用の風防スクリーンの設計案で入賞した。彼は退職の前より後でずっと有名になったのだ。

この事例から私たちは何を学べるだろうか？　三浦氏は定年退職した後も、自分の能力を活かす方法を研究した。普通の人は退職した後、何をしたら良いのか分からず憂鬱になったりするが、彼はもっと積極的に自分の実力を活かす方法を研究したのだ。これは孔子の言う通り**「玉を箱に入れ隠したのではなく、良い価格で売った」**良い事例である。

超訳

# 無価値な挑戦はない

【憲問第十四】


子路が城門の外に泊まることになった。門番が訊いた。

「どこから来たんだい?」

子路が答えた。

「孔子の家から来ました」

すると、門番はこう言った。

「孔子といえば、駄目だと知りながら諦めない、あの人のことだね」


子路、石門に宿る。晨門の曰く、奚れよりぞ。子路が曰く、孔子よりす。曰く、是れ其の不可なることを知りて而もこれを為すものか。

これは当時、一般大衆が孔子をどう思っていたか窺い知ることができる逸話である。無学な門番ですら孔子について知っているほど有名だったものの、その教えは**「理想的だが、無駄なこと」**だというイメージがあったのだ。

確かに、「仁」「礼」「忠」といった教えは、言うのは簡単だが、現実の世界で実践するのは極めて難しい。これはキリスト教の教えとも似ているところがある。イエス・キリストは「汝の敵を愛せよ」と言ったが、実践するのは不可能に近い。敵は憎いから敵なのだ。それを愛するなんて、どう考えたって無理だ。

しかし、愛することができないからといって、敵は憎んで当然、という考えが皆に広まればこの世はどうなってしまうだろうか。

**理想とは、終着駅ではなく、線路を敷く方向を提示しているのだ。**

会社で「不良品ゼロに挑戦しよう！」という目標を掲げても、現実に「ゼロ」にはならないのだ。

しかし、それを目指して努力しているうちに、不良品の率は限りなくゼロに近付いていく。

**不可能な理想だとしても、達成するために努力するのは意味のある挑戦なのだ。**

超訳

# 後悔のない人生を送るために

【為政第二】

孔子はこう言った。

「私は15歳にして学問の道を志し、30歳にその基礎を立て、40歳で迷いが消え、50歳にして私の天命を知り、60歳で人の言葉を素直に聞けるようになった。そして70歳にして、心が赴くままに行動しても道に背くことがなくなった」

子の曰く、われ十有五にして学に志す。三十にして立つ。四十にして惑わず。五十にして天命を知る。六十にして耳順う。七十にして心の欲する所に従って矩を踰えず。

これは孔子が人生の末期を迎えて、自分の人生を自ら「実りあるものだった」と評価しているのだ。

この境地に至るのは難しいことだ。普通の人は「私の生涯には悔いがない」と自負するどころか、多くの後悔をしながら死んでしまう。

英語圏のベストセラー『死ぬ時に後悔する5つのこと』によると、人が死ぬとき最も多く後悔することは**「自分が本当に望んだ人生ではなく、他人の期待を満足させるための人生を生きたこと」**だという。本質的なことより、副次的なことに人生を浪費したということだ。

後悔のない人生を生きるコツの一つは、いつも死を意識することである。それはスティーブ・ジョブズがいつも主張したことでもある。

彼は死について、**「他人からの期待や自尊心、恥や失敗に対する恐れなどは死を前にしては全て無意味なので、真に重要なことだけが残る。いつかは死ぬということを覚えておくことは、何か失うことがあるような錯覚を避けるための最善の方法である」**と言った。

何も恐れず、自分が目指すべきものを追い続けるために必要な態度は、いつも死を意識することだということだ。

私たちも、常に死の瞬間を念頭に置いて、孔子のように自分の人生を振り返って「実りあるものだった」と言えるような、**後悔のない人生を生きなければならない。**

# おわりに

『論語』が書かれたのは、およそ紀元前500年。2500年も前のことである。それがいかに長い時間なのかを実感するには、今から2500年後の未来を考えてみると良い。2500年後は4500年代だ。その時、人類は存在しているだろうか？今日の私たちに『論語』が読まれていることは、今日に書かれた本がその4500年代まで残って、未来人に読まれていることと同じなのだ。

長い時間を生き残った古典には、ある共通点がある。確実に面白い本（『三国志演義』『アラビアンナイト』）と、確実に役に立つ本（『孫子の兵法』『君主論』）である。論語は後者にあたる。現代の私たちが思い描く孔子のイメージは「言わなくても分かるようなことを、もっともらしく語った人」とか「大昔の古臭い聖人」といったものが多いかもしれない。だがその「言わなくても分かるようなこと」の元祖が孔子だということを忘れてはならない。

私たちが生きている漢字文化圏自体が、彼の思想の影響下にあるのだから、魚が水を意識しないように、孔子の哲学を当然のことのように思っているだけなのだ。

## おわりに

本書では「仁」、「恕」、「忠」、「礼」、「中庸」など、正確に理解しづらい孔子の哲学の核心部分を分かりやすく説明することを目標とした。そのため、現代社会の多くの事例を使って解説してみた。古代の本を事例なしで正確に理解することは難しいことだから、このような構成は有効だと思う。例えるならば、論語の原本が公式だけがたっぷり書かれている数学の教科書であれば、本書はその概念をやさしく説明した参考書、といったところだろうか。

あなたが本書を手にとったのは、あなたが『論語』に関心を持ち、社会人生活や日常に活かすためだろう。この本は企画段階から、その目的を果たすために書かれた本である。

孔子の思想はとても現実的な思想である。孔子は死後の世界や、神などについては言及したことがない。『論語』はあくまでも生きているうちに自分の人生を成功させるために守るべき、人生のガイドラインなのだ。それが論語が私たちの人生に有用な理由である。本書が読者の論語の理解の一助となれば幸いである。

最後に、本書の単行本版完成に尽力してくださった吉本竜太郎さん、本井敏弘さん、そしてこの文庫版完成に尽力してくださった大澤泉さんに感謝したい。また本書の企画から販売に至るまでお世話になった同社の方々、社長の山田有司さんにも御礼申し上げたい。

２０２４年11月　許成準

【著者略歴】

許成準（ホ・ソンジュン）
2000年KAIST（国立韓国科学技術院）大学院卒（工学修士）。
ゲーム製作、VRシステム製作、インスタレーションアートなど、様々なプロジェクトの経験から、組織作り・リーダーシップを研究するようになり、ビジネス・リーダーシップ関連の著作を多数執筆。
主な著書に『ヒトラーの大衆扇動術』『超訳 孫子の兵法』『超訳 君主論―マキャベリに学ぶ帝王学―』（共に小社刊）などがある。

# 超訳 論語

2024年12月10日　第1刷

著　者　許 成準

発行人　山田有司

発行所　株式会社彩図社
170-0005
東京都豊島区南大塚3-24-4 MTビル

電話 03-5985-8213　FAX 03-5985-8224

URL　https://www.saiz.co.jp/　https://x.com/saiz_sha

印刷所　新灯印刷株式会社

 ISBN 978-4-8013-0747-6 C0130